JN098326

北海道で考える〈平和〉

歴史的視点から現代と未来を探る

松本ますみ
清末愛砂
編

法律文化社

目　　次

第Ⅲ部　将来へのまなざし

あとがき

序章　北海道で平和について考えるということ

1　植民地の〈におい〉がする

　私ごとで恐縮であるが、筆者は2011年9月末、島根県から室蘭市に引っ越しをした。そのときまでに二度、北海道を訪問したことがあった。いずれも所用先を訪ねるだけの超短期滞在であったため、さしたる印象をもつことはなかった。ところが、北海道に住み始めると、短期滞在中に感受しなかった独特の感触を日増しに覚えるようになった。それは、住み慣れた関東や関西では嗅ぎとることがなかった不自然さを伴うものであった。その正体を考えているときに、これまで訪問・滞在したことがある海外のいくつかの地で、同じ空気や雰囲気を嗅ぎとったことがあることに気がついた。それらの地の共通点は、植民地支配下に置かれた歴史を有することにあった。筆者が、北海道に漂う空気や雰囲気から嗅ぎとったのは、まさにこの植民地の〈におい〉であったのである。

　1869年7月、明治政府は「北方地域の開拓」の名の下で、開拓使を設置した。翌8月には、アイヌ民族（以下、「アイヌ」という。）が「アイヌモシリ」（アイヌ語で「人間の住む静かな大地」を意味する）と呼んできた大地の一部を一方的に「北海道」へと名称変更した。アイヌモシリは、アイヌが知を用いて、自然や気候等に合わせた生活形態や文化を育んできた大地であった。アイヌの考え方や意思を完全に無視し、近代市民法の個人の私有財産権を認める法制度を勝手に持ち込み、土地の収用や乱開発を繰り返せば、アイヌの生活が破壊されるのは、当然のことであった。その始まりともいえる1869年から150年目にあたる2018年、こうした負の歴史に顧みることなく、「北海道命名150年」を記念する祝賀イベントが道内各地で開催された。それはあからさまに支配者の眼からみた歴史観を反映するものであった（第9章・第12章参照）

2　〈存在の抹殺〉の反省からアイヌ新法を考える

　「クラスにアイヌの子がいたことを、なんにも覚えていないの？　アイヌということで、その子はすごくいじめられていたのに」

　北海道の大学に赴任した筆者に対し、東京で過ごした中学時代のある同級生がにわかに信じがたいとばかりに、問いただした。何度も思い出そうとしたが、どうしても彼女の名前と姿、つまり存在そのものが浮かんでこないのだ。恥を忍んで書くと、その理由は、アイヌの存在を単純に知らなかったという〈無知〉に起因するのではなく、自分の意識の中でその存在を鼻にもかけていなかった、すなわち相手にする価値はないと思っていたからなのだろう。恐ろしいことに、自分のこうした差別的な意識が、意図的な記憶喪失というべき〈存在の抹殺〉を引き起こしたのである。存在をなきものとする発想は、レイシズムや優生思想等の残忍さを如実に示す意識の一つである。筆者はこのことを心の底から恥じている。
　ところで、2019年、「アイヌの人々の誇りが尊重される社会を実現するための施策の推進に関する法律」（アイヌ新法）が制定された。アイヌを「北海道の先住民族」（第1条）と明記した点が大きな注目を浴び、それを評価する声をたびたび耳にしてきた。そうした評価を完全に否定するわけではないが、正直なところ、次の理由から違和感を覚えざるを得ない。立法目的は、「アイヌの人々が民族としての誇りを持って生活することができ、及びその誇りが尊重される社会の実現を図」（同条）ることにある。そうであるからには、同法には、その実現に向けた措置を十分にとることができる法的な根拠や仕組みが盛り込まれる必要がある。先住民族であることを明記すること（＝法的にその存在を認めること）、または、例えば、アイヌの生活に密接に結びついた内水面での鮭の採捕事業の円滑な実施に向けて配慮すること（第17条）等は、アイヌとしての生活の営みを〈持続的〉に行うことを確保するものではない。したがって、法文上の「民族としての誇り」は実質的な意味をもたらしうるのか、とい

う疑問が残る。先住民族と明記されようとも先住権（第12章参照）が伴わない以上、立法目的の達成は難しいのではないだろうか。

　新法には、国連先住民の権利宣言第２条に則して、アイヌであることを理由とする差別や権利利益の侵害を禁じる条文（第４条）も含まれている。それを大いに活用することで、ヘイトスピーチ等への差別対策に関しては、一定の打開を図ることができよう。しかし、それだけでは抜本的意味での問題解決にならない。むしろ、問われているのは、法的に認めた存在を現実に存在ならしめるために、どうするのかということなのである。

　先住権について書くと、日本国憲法は個人の人権をベースにするため、集団の権利である先住権は認められないと批判されるかもしれない。本章ではこの点を詳細に検討することはしないが、一点だけ強調しておきたい。それは、基本的人権の尊重を図る際に、個人の権利と集団の権利は対立概念になるとは限らない、ということである。むしろ両者が重なりあうことで、または個人の権利の延長線上に集団の権利があると解することで、憲法原理により適合する施策をとることが可能になるのではないか。個人の尊重（憲法第13条）の範疇には、アイヌが一人のアイヌとして誇りをもって生きる権利が当然にして含まれる。その見地に立てば、対立の図式で捉えて議論を不毛に遮断するのではなく、両者の意義を重ね合わせる努力をすることこそが求められる。

3　ウポポイから考える〈民族共生〉問題

写真序 – 1　いざないの回廊

　2020年７月、白老町に開設されたばかりの「民族共生象徴空間」（ウポポイ）を訪問した。エントランス棟に行くには、自然の光景として動物や樹木等が描かれたコンクリート製の壁からなる回廊（「いなざいの回廊」）を通る。ここを歩き始めた瞬間、イスラエルの占領下にある東エルサレムを含むヨルダン川西岸地区を思い出した。2002年以降、イスラエルは同地区でパレスチナ人の土地を大きく奪う形で「隔

撮影：清末愛砂

写真序-2　慰霊施設（左側:墓所、真ん中:慰霊行事施設、右側:モニュメント）

撮影：清末愛砂

「離壁」を建設している。偶然とはいえ、規模はまったく違うが形状として酷似する壁がウポポイの入り口周辺にあることに衝撃を受けた。それゆえに、いざないの回廊を歩きながら、イスラエルと北海道の成立過程の類似性を考えずにはいられなかった（コラム②参照）。

ウポポイ内の国立アイヌ民族博物館の展示説明は、和人の訪問者への〈忖度〉と思えるほど、マイルドな書き方がされていた。ウポポイは、インバウンド効果（第13章参照）を狙う北海道の新たな観光地の目玉の一つとされてきた。マイルドな書き方は、集客狙いの意味もあるのだろう。研究材料とされたアイヌの遺骨（盗骨を含む）のうち、返還できていないものを集約・管理している慰霊施設は、ウポポイから1.2kmも離れた場所に建設されていた。ウポポイ訪問者の多くは、歩いて行くには遠いこの施設をわざわざ訪ねることはないだろう。優生思想に結びついた遺骨集約の背景は、こうした一つひとつの出来事により社会の記憶から消されていく（＝記憶の抹殺）のではないか（第12章・補章参照）。

ウポポイが謳う〈民族共生〉という言葉は美しく聴こえるが、その実現は容易ではない。その長い道のりは、被支配者の視点に立った歴史認識を真摯に学ぶこと、そしてそれに誠実に向き合うことから始まる。そうしなければ、どれほど共生を謳おうとも、支配の深化である同化が進むだけである。「歴史的視点から現在と未来を探る」という本書の副題には、この点を含む歴史からの学び（第9章・第11章・コラム③等参照）に基づく北海道の平和構築を希求する願いが込められている。

なお、ウポポイの最寄駅である白老駅から約7.8km離れたところに、陸上自衛隊の白老駐屯地がある（第7章・第8章参照）。自然の窪地（谷間）に設置された同駐屯地には、日本最大規模の弾薬庫が整備されている。爆発等の事故が生じれば、地形上、煙や炎は上空に向かうと考えられるため、横に広がるよりは危険性は低い。とはいえ、最も近い集落までわずか4.5km程度しか離れていな

いため、何らかの被害が及ぶ可能性は否定できない。現在では、「白老町＝ウ
ポポイ」のイメージが強いこともあり、弾薬庫の存在を問題視する人にはめっ
たに会わない。アイヌの集住地区の一つである白老町に巨大な弾薬庫があるこ
と自体、自然との共生の中で生活文化を育んできたアイヌに対する敬意に欠け
ると指摘せずにはいられない。

4　コロナ禍と本書の課題

　2020年以降に始まった新型コロナウイルス感染拡大（いわゆる「コロナ禍」）
は、経済・医療を含む道民のあらゆる生活局面に多大な影響を及ぼした（第1
章から第6章参照）。本書はその最中に編集しているため、コロナ禍の顕著な影
響を受けるテーマを担当した執筆者には、刻々と変わる状況に応じた内容にし
ていただくのに、大変な苦労を強いることになった（とくに第6章・第13章）。
　コロナ禍と北海道との関係を議論するときに、避けて通ることができない課
題の一つは、近年の北海道経済を支えてきたインバウンドの脆弱性である。持
続可能な経済を考える上では、インバウンドに過度に依拠した経済を維持する
ことのリスクをきちんと議論することが求められる。同時に、例えば、最大20
億円の交付金が払われる高レベル放射性廃棄物の最終処分場選定の文献調査へ
の応募（寿都町、神恵内村）が、コミュニティの人間関係や環境等にプラスの作
用を及ぼすか否かも、長期的かつ多角的視点から検討することが必要である。
　本書では、様々な事情から原発問題を取り上げることができなかった。この
点を将来の課題として挙げておきたい。また、本章と第7章の執筆にあたり、
谷上隆さん（米軍問題を考える会事務局長、フリーランスの北海道平和基地ガイド）
に情報提供等で大変お世話になった。この場を借りて御礼申し上げる。

　　　　　　　　　　　　　　　　　　　　　　　　　　　　【清末愛砂】

第 **I** 部

現在をとりまく諸問題

第1章　「奨学金」という名の借金

1　学生の「2.7人に1人」が日本学生支援機構の貸与奨学生

■ 大学等への進学率は上昇の一途

　独立行政法人日本学生支援機構（以下「機構」）が、2020年5月に公表した投資家向け財務情報資料によると、2018年度の学生の2.7人に1人が、機構の貸与奨学金を利用している。2004年の貸与奨学金の利用者は、4.4人に1人の割合だから、約1.6倍の増加である。

　文部科学省は、「学校基本調査」という調査を毎年行っており、学校や学生などについて基本的な調査を行っている。2019年度の調査結果によれば、2019年3月に高等学校を卒業した者は105万559人である。そのうち、大学や短大等への進学者が57万4308人（進学しかつ就職した者を含む）、専修学校（専門課程）進学者17万2059人である。大学等進学率は54.7％、専修学校（専門課程）進学率は16.4％である。他方で、高等学校卒業後就職をしたのは18万5173人であり、卒業者に占める就職者の割合は17.7％である。

　また、大学等への進学する人の中には、過年度生も含まれるから、それらを合わせた大学等への進学率は58.1％に上る。日本の大学等への進学率は、年々上昇を続けていて、この数値は過去最高である。いまや、進学先さえ選ばなければ多くの人が大学等で学ぶ機会を得ている。

■ 学費は高騰し続けている

　では、学びを支える経済状況はどうか。学費と世帯収入から考えてみたい。

　まず、学費である。ここにいう学費とは、授業料と入学金である。国立は安くて私立は高いといわれるが、具体的な金額で比較してみよう。

　国立大学の学費の推移をみると、1975年の授業料は3万6000円、入学金は5万円であったが徐々に高騰し2004年以降の標準額は、授業料が53万5800円、入学金が28万2000円である。安いといわれる国立大学でも、初年度納入金は80万円を超える。

　私立大学に目を向けると、1975年の授業料平均額は18万2677円、入学料平均額が9万5584円で、当時の国立大学授業料の約3.2倍である。こちらも高騰を続け、2018年の授業料平均額は90万4146円、入学金平均額は24万9985円であり、その合計は115万4131円で国立大学の1.4倍である。私立大学の場合には、そのほかにも施設設備費、実験実習料等がかかる。文部科学省の「私立大学等の平成30年度入学者に係る学生納付金等調査結果について」によれば、私立大学に初年度納める金額の総計は146万776円である。この金額と国立大学の学費を比較すると約1.8倍になる。確かに、私立大学は高いのである。

　この背景には、日本の高等教育にかける予算が乏しいことに加え、私学助成に充てる金額も小さいことが挙げられる。2020年度の一般会計予算は102兆6580億円であるが、文教および科学振興費は5％、金額にして5兆5055億円である。このうち、私学助成に充てられるのは施設整備にかかるものを含めても3009億円にすぎない。国立大学法人の運営交付金は1兆807億円、施設整備に340億円となっている。私立大学が国立大学と同様の研究・教育・設備を提供しようとすると、国立大学との差を家計が負担することになってしまうことになる。加えて、学費における私立と国立の格差是正という名目のもと、国立大学の学費が私立大学の学費に付随するように高騰した。本来、あるべき私立と国立の格差是正の方法は、私学助成の割合を大きくし、私立大学の学費を国立大学の学費に近づけるべきであったのに、である。

■ 世帯収入は減少傾向が続く

　つぎに、この学費を負担する家計の状況、世帯収入についても検討してみたい。厚生労働省が行っている「国民生活基礎調査」の2019年の結果によれば、全世帯の1世帯当たり平均所得金額は、1994年の664.2万円をピークに減少し、2018年の平均所得金額は552.3万円である。もっとも、所得を低いものか

ら高いものへと順に並べて２等分する境界値である中央値は437万円である
し、平均所得金額以下世帯の割合は61.1％である。つまり、少数の高額所得者
が平均値を引き上げているのだ。

　この所得金額から税金や社会保険料を控除して、可処分所得を算出する。こ
の可処分所得がいわゆる手取り収入で、生活費や学費に回すことができる金額
である。可処分所得は、所得金額のおよそ８割であるので、平均所得金額の
552.3万円であれば441.84万円、中央値の437万円であれば349.96万円というこ
とになる。

　この「国民生活基礎調査」では、国民の生活意識についても調査がなされて
おり、「大変苦しい」「やや苦しい」と答えた割合は54.4％であり、「普通」と
答えた割合の39.9％よりも多い。総務省統計局の「家計調査」の2019年の結果
によれば、総世帯の消費支出の月平均額は24万9704円であった。年間ベースに
直すと、消費支出の平均額は299万6448円となる。可処分所得からこの金額を
控除した残額を全額大学の学費とすることは現実的ではないし、そもそも中央
値ベースでは国立大学の授業料すら賄う事ができない。つまり、高等教育にか
かわる学費は家計負担とされながら、家計では負担しきれないということにな
る。

　このような社会構造を背景として、機構の貸与奨学金受給者の割合は増加の
一途を辿っているのである。

2　貸与奨学金と奨学金被害、そして給付奨学金

■ 機構の奨学金の大多数は貸与奨学金

　機構の2020年度の事業予算は１兆3202億円であるが、そのうち98％以上の１
兆2986億円が奨学金事業に充てられ、ここから管理費などを除いた１兆2819億
円が奨学金に充てられる。給付奨学金は18.5％の2375億円であるのに対し、貸
与奨学金は81.5％の１兆444億円である。

　この貸与奨学金は、第一種奨学金と第二種奨学金に分かれる。第一種奨学金
は、無利子で貸与されるものであり、とくに優れた学生・生徒で、経済的理由

により著しく就学が困難な者が対象となっている。もう一つが第二種奨学金である。第二種奨学金は、1984年から始まった奨学金制度で、第一種奨学生よりも緩やかな基準となっているが、有利子で貸与されている。

　機構の前身は、1943年に発足したに財団法人大日本育英会である。大日本育英会法は「國家有用ノ人材ヲ育成スルコトヲ目的トス」と明確に育英主義を採用していた。戦後、大日本育英会は日本育英会と名称を変えて再スタートを切ったが、育英主義が前提であることは変わらなかった。その後、1984年に日本育英会法は全面改正され、従前の育英目的に加えて「教育の機会均等」という奨学目的も加わった。この法改正により奨学生の枠は増員されたが、財源は伴わなかった。そこを補うために有利子奨学金が導入された。法改正に際し、「育英奨学事業は、無利子貸与制度を根幹としてその充実、改善に努めるとともに、有利子貸与制度は、その補完装置とし、財政が好転した場合には廃止等を含めて検討する」という付帯決議がなされている。しかし、この付帯決議は実現することはなく、1999年から新たな貸与奨学金制度として「きぼう21プラン」が発足し、2002年には第二種奨学金貸与者数が第一種奨学金貸与者数を上回った。

■ 奨学金被害の表面化

　奨学金は借金である。「貸与」なのだから当然のことなのだが、借り手には正しく周知されていなかったように思われる。奨学金の貸与は、大学等の高等教育に限らない。高等学校でも貸与型奨学金がある。

　機構の奨学金の多くは、高等学校在学中に予約採用として支給が決定される。この時、奨学生は18歳未満である。高等学校でも貸与を受けているとしたら、さらに年齢は低い。手続きそのものは保護者が行っているケースが多い。それゆえ、奨学生自身が奨学金を受けとっていることを知らないことも多いし、知っていてもそれが借金だと認識していないことも多い。返還にあたって誓約書の提出や返還金が引き落とされるリレー口座の登録をしていても、返還金の管理は親が行っているというケースもよくみかける。

　教育費の負担は家族がすべきであるとの考え方の下で、奨学金は親が責任を

もって返すものであるとの認識が強い。親が返還できているうちはいいものの、定年退職をはじめ、様々な要因で返還期間中に親の収入が減少すると返還が滞り、延滞状態となる。すると、機構からの連絡に始まり、債権回収会社からの督促、裁判所からの支払督促の申立てなどは、「借主」である奨学生が直面することになる。多くの奨学生は、これに戸惑いつつも、自分は奨学金によって教育は受けることができたのだからと、必死に奨学金の返還することになる。

　このような奨学生の返還の努力に追い打ちをかけるのが、若年層の雇用状況の悪化である。2019年9月に発表された国税庁の「平成30年分民間給与実態統計調査」によれば、給与所得者の平均給与は年間441万円である。平均給与を年齢の観点から分類してみれば、20歳から24歳までの平均給与は267万円、25歳から29歳までの平均給与は370万円である。これを正規・非正規に分けてみれば、正規職員の平均給与は504万円、非正規職員の平均給与は179万円とその差は顕著である。

　正規・非正規の割合についても検討してみよう。2019年1月に発表された総務省統計局の「労働力調査（基本集計）」によれば、2019年の正規職員は3503万人であり、前年に比べて18万人増加した。非正規職員は2165万人であり、前年に比べて45万人が増加した。15歳から24歳の正規職員は280万人、非正規職員は285万人である。25歳から34歳では、正規職員は791万人、非正規職員は260万人であった。まだまだ正規職員が多いようにも思われるが、年齢層が上がるに連れて正規職員の割合が増加するから、若年層の正規職員としての採用は減少しているといってよいだろう。

　奨学金を借り、高等教育に進んだものの、卒業後の就職が安定しない者も少なくない。収入が乏しい中で奨学金を返済していかなければならない。返したくても返せないという事態が、社会構造の中から生まれてきている。2019年3月に発表された機構の「平成29年度奨学金の返還者に関する属性調査結果」でも、2017年度末で3カ月以上延滞している者の正規職員の割合は41.0％、非正規職員が32.6％、無職・失業中が13.1％であり、その平均年収は300万円以下が70.1％に上った。他方、無延滞者の属性は正規職員が73.2％、非正規職員が

15.4％、無職・失業中が3.6％であり、平均年収が300万円以下は47.4％にとどまった。安定した雇用や収入があるかどうかが、延滞するかどうかに大きく影響しているといえる。

　様々な要因が複雑に絡まる奨学金被害の実態が明らかになる中で、世論は大きくこの問題を取り上げるようになった。政府は2016年の「骨太の方針」の中で、子ども・子育て支援等の一環として、教育費用の負担軽減を明記した。さらに、2017年の参議院選挙においては、与野党各党が給付型奨学金の導入を公約に取り入れるなど、奨学金被害を少しでも軽減しようという動きがみられた。その中で実現したのが給付型奨学金である。

■ 給付型奨学金の高いハードル

　給付型奨学金は、2017年に一部先行実施され、2018年度から本格的に運用が始まった。機構の奨学金の中で最も新しい奨学金である。

　また、2020年度からは、大学等修学支援法（大学等における修学の支援に関する法律）が実施されることになり、高等教育の修学支援新制度によって給付型奨学金も拡充され、一定の修学支援がなされることになったが、そのハードルは極めて高い。

　まず、先にみた通り、給付型奨学金の事業規模は、機構の奨学金総額の約18.5％、2375億円にとどまる。これは、給付型奨学金の財源が国庫補助金によるためである。

　また、給付型奨学金は、学費のすべてを賄うものではない。就学支援新制度は、給付型奨学金だけではなく、大学等の授業料の減免費用を国庫補助金として支給することを柱にしている。つまり、給付型奨学金と各大学の授業料減免制度を活用することで、大学等の学費を実質的に無償にしようという方法である。国公立大学に自宅から通う学生に年間約35万円、自宅外から通う学生に年間約80万円を、私立大学に自宅から通う学生に年間約46万円、自宅外から通う学生に約91万円を給付するという内容である。

　この制度が対象とする学生は、住民税非課税世帯及びそれに準ずる世帯の学生である。住民税非課税世帯とは、どのような世帯かをみてみると、①生活保

護受給者、②障害者等で前年の合計所得金額が125万円以下（給与所得者の年収で見ると204万4000円以下）の者、③前年の合計所得金額が市町村等の条例で定める額以下の者で構成される世帯をいう。筆者が住む札幌市の場合、③は35万円×家族数＋21万円で算定するとし、給与所得者の夫、専業主婦の妻に子ども2人の給与所得標準世帯の年収を例にすると、256万円未満の世帯とされる。すると、この世帯における夫の手取り収入は約17万円である。先にみた通り、日本の平均所得の中央値は423万円であるから、多くの世帯が生活は苦しいと感じながらも、その対象となる世帯は極めて限定的であることに注意しなければならない。

　また、生活保護法においては、18歳以上になると稼働能力があるとみなされることから、原則として生活保護を受けながらの大学進学を認めていない。それゆえ、奨学金の支給を受けた場合には、収入認定され、学費に充てる事ができない。そこで、同居していたとしても、当該学生を家族と別世帯にして生活保護の対象から外さざるを得ない。家族の側は生活保護を引き続き受けられるが、世帯分離した学生の分だけ支給額は減少する。学生は自身の生活費をねん出しなければならない。アルバイト収入がなければ、奨学金が生活費に組み込まれる例が少なくない。

　給付型奨学金の採用実績は、一部先行実施された2017年度が2503人、2018年度が1万8649人、2019年度が1万8915人である。国庫補助金を原資にしている以上、それが大幅に増額されない限り、概ねこの程度の数値で推移するものと思われる。申請者に対する採用者の割合は明らかではないが、そもそも対象となる世帯が限定的であることから収入要件非該当での不採用が相当数あろう。この点は、比較すべき対象を精査した上で、今後の検討を重ねる事が必要と思われる。

　いずれにせよ、わずかでも給付型奨学金が導入されたことは歓迎すべきであるが、それによって構造的な問題が解決に向かっているかどうかは慎重に検討されるべきであり、筆者はその効果は相当に限定的であろうと考えている。

■ 奨学金の原資は返還金と借入金

　給付型奨学金あるいは無利子の第一種奨学金の採用枠が増えないのは、結局のところ、機構の財源確保手段によるところが大きい。

　先に述べたように、給付型奨学金の財源は、国庫補助金である。第一種奨学金の原資は、機構が一般会計借入等により、無利息で調達した資金および返還金が原資となっている。2020年度予算のうち、第一種奨学金には3117億円が充てられることになっているが、一般会計借入金が941億円、返還金が2455億円であり、民間からの借入金は123億円にすぎない（機構の借入金の返済があるため、借入金等の合計額と第一種奨学金の総額とは合致しない。）。

　他方、有利子の第二種奨学金は、民間資金の活用が謳われ、機構が有利子で調達した資金を財源としている。返還金のほか、財政融資資金が6462億円、財投機関債が1200億円、民間借入金が1962億円である。財政投融資とは、政府が財投債を発行し民間から資金供給を得て、それを機構のような財投機関に融資をして資金融通を行う仕組みである。財投機関は、自ら債券を発行して資金調達も行う（財投機関債。機構は、「日本学生支援債券」を発行している）。

　財政投融資の特徴は、①租税負担の抑制、②事業の効率的な実施、③受益者負担の実現が挙げられている。この理屈が、貸与型奨学金の中に持ち込まれている。すなわち、高等教育を受けることは、当該学生にその結果が帰属する以上、当該学生が受益者として将来の返済の意識を高くもつ。このことで、学問に集中して学ぶ意欲も高まるというのである。

　加えて、民間資金を活用するということは、機構ないし機構の奨学金事業が金融事業として魅力的なものでなければならない。投資家は、投資金の回収はもちろん、利息収入も見込んでいる。投資対象が優良な経営体であることが求められる。機構は、財政投融資などで国からサポートを得ている上、奨学金の回収を強化することで貸し倒れリスクの低減を図り、効率性があることを投資家にアピールしている。これが、若年層が直面する回収強化策の一端を担っているといってよい。

3　教育を受ける権利と奨学金

■ 機構の奨学金は非常に重要ではあるが、不十分なものでもある

　ここまで検討してきた通り、機構の奨学金は、不十分な給付型奨学金と学生ローンとしての貸与型奨学金である。しかもその大多数は有利子奨学金である。卒業後の社会情勢をみても、雇用の流動化や富裕層優遇税制などの政策も相まって、貧困格差は拡大している。そのような中で、返したくても返せないという奨学金問題が社会化されてきた。

　では、機構の奨学金は借りるべきではない、有害なものなのであろうか。筆者は決してそうは考えていないことを強調しておきたい。筆者自身も、機構の奨学金（第二種奨学金）を借りて、学部を卒業し、法科大学院を修了することができた。奨学金を借りなければ、高等教育を受けることはできなかったし、今の職業に就くこともなかった。その意味で、奨学金によって多大な利益を受けた受益者の一人である。そして、今なおその返還を続けている当事者でもある。機構の奨学金が、親の経済状況によって学びの道をあきらめることがないように果たしている役割は極めて大きいことは率直に評価すべきである。

　しかし、だからといって、機構の抱える問題点、貸与型奨学金の矛盾について放置することはできない。奨学金を借りることも、返済することも、あるいは返済ができなくて自己破産等の法的救済を取らざるを得ないことも、学生やその家族だけに帰責できる問題ではない。日本の政治や経済全体にかかわる構造的な問題だからだ。

■ 奨学金が、真に未来を創るためのお金となるように

　奨学金問題の抜本的な解決は、高等教育を誰もが平等に受けられる社会を構築する以外にない。そのためには、高等教育は当該学生のみが受益者ではないということを共有することが必要である。高等教育を受けた学生が、社会でその知見を活かすことで社会全体の活性化や技術革新を担い、社会全体の底上げを図る。そうだとすれば、社会全体が高等教育の受益者であるはずだ。

　社会全体が受益者となれば、高等教育の費用を社会全体が負担をするという考え方にもなじむだろう。もっとも、その際に注意しなければならないのが、目先の有用性のみに着目した過度の実用主義である。社会に即時的かつ直接的に利益をもたらすもののみが有用であるというのは、明らかな誤解である。

　教育の目的は、人格の完成にある。経済的効率性や有用性のみが教育の目的ではない。経済的に非効率であったとしても、追求されなくてはならない分野があることを忘れてはならない。

　先端技術は、莫大な基礎理論の上に立つものである。皆が先端技術や実学ばかりに飛びついたとしても、その技術はすぐに陳腐化する。それを乗り越えるためには、基礎理論に立ち返る必要もあろう。高等教育での学びは、最先端技術のみならず、それを支える基礎的知見、教養を習得することとの両輪である。

　奨学金は、教育を受ける権利を担保する反面、過度の貸付と回収強化という金融事業の側面をもっている。現在の雇用状況をみる限り、そして、コロナ禍後の経済状況をみれば、今後の返還困難者が減ることはないだろう。未来を創るための奨学金に潰されるという矛盾は、一刻も早く解消しなければならない。当面は、機構の用意している救済手段を使いながら、経済的状況を立て直すことが必要であるし、法的救済を必要とする場合もあろう。しかし、それは対症療法にしかすぎない。

　教育の目的は、人格の完成を目指し、平和で民主的な国家および社会の形成者として必要な資質を備えた心身共に健康な国民の育成にある。高等教育もまた、その一環を担っている。あるべき奨学金の姿は、学びを社会全体で支える給付型の奨学金だと筆者は考える。そのためには、学ぶことの意義を、社会全体で捉え直し、社会全体として価値観を共有する必要がある。

〔読んでみよう／行ってみよう／調べてみよう〕
岩重佳治、2017、『「奨学金」地獄』小学館新書
松本伊智朗編、2017、『「子どもの貧困」を問いなおす──家族・ジェンダーの視点から』法律文化社
北海道学費と奨学金を考える会編、西博和・橋本祐樹編著、2018、『マンガでわかる奨学金トラブル対処法──奨学金で困ったときに読む本』現代人文社

【池田賢太】

# 第2章 貧困・学力と北海道の教育

1 現場の教師の語りから

　近年の子どもたちの様子をめぐって、2020年4月、道内小学校教師・中里明雄さんにインタビューに答えてもらった。

阿知良：現場の教師からみて、子どもたちの様子はどうか。
中里：「三重苦」の子どもたちに出会う回数が増えている。「三重苦」とは、一つは学習や学校へ期待がもてずにそこからの逃避、二つは家庭の状況や経済的制約、三つにその子の特性としての発達障害、である。これらのどれかが一つあるということではなくて、重なり合って苦しんでいる。家庭で経済的な困難を抱えていると、虐待傾向が出たり、小さいときから文化的環境を整えるのが難しかったり、影響が絡まり合っている。
阿知良：困りごとを抱えた子どもの学校での様子はどうか。
中里：自閉症の診断がある等、こだわりがとても強い子は、授業も友だち作りもなかなか難しい。例えば、算数はやるけど、国語はやらない。嫌いな教科では座っているのが難しい。特別支援学級に所属している場合でも、通常学級に所属し特別の支援を必要としている子でもそうである。中休みに遊びに行っても喧嘩になってしまい、帰ってきたときには「もう○○ちゃんとは遊ばない」となってしまうこともある。偏食の問題もある。給食がほとんど食べられずに、家からお弁当をもってくる場合もある。
　それでも、「学校って楽しいな。学びっていいな」と思ってもらえるように教員が時間をかけて関わっていく。いつもは喧嘩ばかりの子でも、授業の中で、学びを発見した子が一生懸命に他者へ伝えようとしている場面がある。そういうときに成長を感じる。
阿知良：最近は、特別支援の授業でも、課題提示や自己解決、まとめといった授業の「型」が要求されることが多くなったと聞いた。そうなると、思わぬ子どもの成長に出会ったとき、柔軟な指導が難しくなるような気がして、残念である。ところで、特

別支援学級の子どものみならず、子どもはみな、喧嘩やトラブルを通して成長していくと思うが、最近の学校ではどうか。

中里：学校も地域も管理が厳しくなっている。雪玉を投げる等、少し危険なことをしていると、地域から学校に連絡が入る。また、学校の決まりとして、子どもたちだけで川や海に遊びに行ってはいけないことになっていて、昔のようなやんちゃをするのは難しい。

阿知良：親や地域の人も、教師と一緒になって、教育にかかわる当事者なのだという意識があってほしい。

中里：自身も親になって思うが、自然体験は、ほぼお金で買うものになったというのが実感である。学校統廃合の問題も影響し、遠方から学校に通っていることと関連しているが、子どもは学校の宿題と習い事とで忙しく、友達と関わる時間を学校以外では与えられていないと思う。

2　「学力」は個人のものだろうか

　このように子どもたちを取り巻く環境は厳しい。ではその環境と学力について以下に考えてみよう。例えば、「学力」は個人の努力のたまものという考えは根強い。しかし、環境による制約も大きい。もし、あなたの「学力」が高くて進学がうまくいったなら、それは良い環境にあったからかもしれない。

■ 家計と労働環境

　経済をめぐる問題からみてみよう。

　皆さんは「子どもの貧困」ということばを聞いたことがあるだろう。また、子ども食堂や無料の子ども塾のニュースも聞いたことがあるかもしれない。厚生労働省の2016年の国民生活基礎調査の概況によれば、日本の子どもの貧困率は13.9％、7人に1人である。ひとり親家庭に限ってみるとその率は50.8％と、先進国の中でも最悪の水準にある。

　北海道の子どもの経済的困窮と教育との関連について、北海道保健福祉部が北海道大学教育学研究院「子どもの生活実態調査」研究班と協力して「北海道子どもの生活実態調査」を実施している（2019年6月報告書公表）。そこで明らかになった相関は、次の通りである。まず、塾との関係である。小2・中2・

高2の子どもたちへの調査の結果、「学習塾や家庭教師を利用しているか」の問いへの回答において、世帯年収低下に従い、「利用していない」の割合が高くなる。また、「利用していない」の割合は、母子世帯で84.4％、父子世帯で89.5％と、厳しい実態が明らかになっている。勉強時間そのものについても、世帯年収400万円以上で、年収が上がるにつれて、長くなる傾向がある。

　高校2年生へのアルバイトに関する質問では、世帯年収500万円未満の階層でアルバイトをしている割合が高くなっている。アルバイトの理由は、「友だちとの付き合いや遊びのため」が62.8％、「趣味や娯楽のため」が73.8％と高いものの、「生活費のため」24.2％、「授業料のため」13.5％、「教材費のため」15.3％も一定の割合がある。また、年収が低い家庭ほど、学業や家族のためにアルバイトをする子どもが多くなっている。

　筆者が大学の授業等で世帯収入の話を出すと、「親の責任」と答える受講生が多い。しかしそれは子どもに対する自己責任論を親に転化しただけである。そのような収入にならざるを得ない労働環境を考えなければならない。

　総務省の2017年の就業構造基本調査によれば、「非正規の職員・従業員」の割合は、全国が38.2％なのに対し、北海道は40.6％とやや高い。非正規の仕事についた理由のうち「正規の職員・従業員の仕事がないから」という理由が、全国が12.6％なのに対し、北海道は13.9％とやや高い。また、厚生労働省の2017年5月11日の社会保障審議会の資料によれば、全国平均生活保護率が1.69％なのに対し、北海道の生活保護率は3.08％である。これは、大阪府の3.31％に比べて2番目に高い。厳しい経済環境が家庭の教育事情を取り巻く。

■ 子どもの自己肯定感やつながり、進学意識

　札幌市の子ども・若者の実態を把握するため、市民団体や行政関係者が共同して『さっぽろ子ども・若者白書』（2016年）を出している。小中学生へのアンケートが資料として載っている。調査項目間の関連が分析されており、「家族は話をよく聞いてくれる」と「自分は人から必要とされている」の項目間には関連がある。

　家計や家庭の形態が、親の子どもとの関わりに影響を与えている。先の「北

海道子どもの生活実態調査」では、「親子そろって旅行やキャンプに行った経験」（過去1年間）について、年収が低くなるほど「行った」の割合が低くなる。また、「勉強がわからないときに誰に教えてもらうか」について、「親」と答えた割合が、二親世帯に比べて母子世帯が低い割合になっているという。

進学意識についても同調査では、「子どもにどの段階までの教育を受けさせたいか」において、年収が低くなるのに伴い「高校まで」の割合が高くなり、「四年制大学またはそれ以上」とする割合が低くなる傾向が指摘されている。

進学については、道内各地の地域性とも関連がある。北海道教育委員会の北海道統計書（2018年3月卒業者）からみてみよう。道内の大学等進学率は、45.5％である。総合振興局別に高いほうから、石狩55.5％、上川41.1％、渡島38.6％、オホーツク38.5％、空知38.2％、釧路37.4％、十勝37.1％、宗谷37.0％、後志36.0％、胆振35.4％、日高32.0％、根室31.9％、留萌29.5％、桧山23.1％となっている。地域によって大きな差がある。その管内に大学があるかどうかや、その大学の性質（地元から通いやすいのか、国立か私立か）もかかわっているだろう。また各地域で、専修学校進学者をみると、女性が圧倒的に多い。

つぎに同統計から、高卒者の就職の動向についてみよう。2018年3月の高卒者のうち就職者は全員で9584人、うち道外就職者は775人である。北海道の特色と思われる1次産業は、どの管内も100人に満たない。農業・林業において他管内は20人以下で、上川と十勝は50人を超える。漁業については10人以上が、後志、渡島、宗谷、根室である。いずれも後継者難に直面している。

道内高校生の進路意識について、梶井（2016）は、道内11の高校を対象に量的・質的調査をした。高校生の定住意向（地元志向）には、良い職場があるかどうかだけでなく、家族・親戚・友だち付き合い等、地元のソーシャル・キャピタルの有無も影響していることが実証されている。興味深いのは、北海道の高校生の言う「地元」の内実の多様性である。例えば、ある者は、十勝にいる時は音更と言い、道外にいる時は十勝という。また別の者は、道外にいる時は北海道が地元だという。地元にとどまる／から出ていくという二者択一も、より柔軟に捉える必要がある。

　厚岸水産高校の教育実践記録で両角（1982）は、どうせ漁師のあとをつぐのだから勉強の意味などないと、もがく生徒たちの姿が描かれる。両角先生は、生徒の可能性を信じ、単なる受験学力とは異なる学びをつくっていく。1980年代当時は、水産業で生きていく道もあった。しかし現在では、第1次産業従事者数が減少している。現在の北海道の農山漁村の高校における、進路と学びの意味にギャップの問題も考えていかねばならないだろう。

■ 教師の働き方改革、国や教育委員会による統制

　子どもの「学力」形成に、子どもや親をとりまく社会的な要因が影響を与えているが、その一方で、教師達の労働環境も関係している。

　教師の仕事が「ブラック」だという話題が、世間に知られるようになってきた。いわゆる「給特法」（公立の義務教育諸学校等の教育職員の給与等に関する特別措置法）によって、教師の残業代は一律4％とされ、どれだけ残業しても給与は変わらない。「ブラック」状態を改善しようと、「1年単位の変形労働制」の導入が各自治体で議論されているが、問題点が大きい。2020年2月に道内の教師4名にこの問題について聞いたところ、次のような実態が明らかになった。

　○変形労働制導入の前提は月45時間以内に残業時間をおさめるというものだ。しかし、現状では、どんなに頑張っても無理である可能性が大きい。子どもの授業のクオリティを保つために、持ち帰り仕事も含め、授業準備などに1日4時間は残業が必要であることがわかった。残業月45時間以内というのは、実際の必要時間の半分以下にしなければならないということである。
　○もし管理職が、無理やりそれを達成させるようなことがあれば、「時短ハラスメント」が起きる可能性が大きい。それは、決まった時刻での退勤の強制や、タイムカードを退勤時間より早く切らせるなどである。当然、持ち帰り仕事が増える。
　○1年単位の変形労働制が導入されても、4月5月の疲れは、夏休みまでもたない。変形労働制を導入したら、労働時間の「データ」としては、ブラックからホワイトに変化するだろう。しかし、現場の疲労は変わらない。
　○教員の「働き方改革」は、時間短縮の問題ではなく、十分な人事採用を行うことである。
　○「働き方改革」を実施する時に、トップダウンで画一的に指示をする傾向がある。これは「学校スタンダード」（学級運営や学習の方法を全校で統一すること）の問題

など、学校全体にも言える。このような指向性は、教員のそれまでの仕事のリズムや、同僚との関係性に軋轢を生む。
○トップダウンの時短が、子どもの学習環境の整備のためにはマイナスになる事例が見受けられる。例えば、宿題を市販のものにしたり、家庭訪問を削ったり、行事を削ったり、などである。

　教師をとりまく厳しい労働環境が、子ども達の学びの質を低下させている。子どもたちの学びの質を担保するために、教師が教材研究に十分な時間をかけられないのが問題である。より教えるという本務にじっくりと取り組めるようにするのが急務である。

　さらに授業を創造する自由と責任が教師にはある。教育職は専門職だからである。しかし、その自由に対し、国や教育委員会などからの制約が強くなっている。例えば、学習指導要領においては、日本の領土に関して政治的な制約がかかっている。2017年に告示された中学校学習指導要領の解説・社会編では、その42頁に「我が国が国際法に則り正当に主張している立場に基づいて」指導することが要請されている。しかし、教育とは本来、「我が国」の立場をも相対化する広い視野をもつ子どもを育成する必要があるものだ。

　例えば、この学習指導要領に基づき道立高校の入試においては、９年連続で北方領土についての出題がなされている。2019年度は、問題文中の「日本固有の領土」に下線が引いてあり、地図中の色丹島と国後島の島名を解答させるものだった。学習塾は出題される問題を予想しやすいかもしれないが、「学力」とはそのようなものなのだろうか？

■ 学校統廃合

　最後に、北海道において見逃せないのは、学校統廃合の問題である。「適正規模」の謳い文句によって、次々と学校が統廃合されている。2006年度に1365あった北海道の公立小学校数は、2020年には992となった。スクールバスによる通学も増え、放課後、子どもたちが寄り道しながら遊ぶ姿は、残念ながら昔のものとなりつつある。子どもたち同士のつながりは、オンラインゲームで、ということが増えているという。ゲームのやりすぎは制限したいところかもし

れないが、放課後の自由を奪われた子どもたちが唯一つながれる場であるとするならば、複雑な心境になる。

　通学の負担が重くなれば、居住地による教育環境の差があらわれる。学校や塾に近い場所に住む子どもの方が圧倒的に有利だ。思えば、コストを度外視し、へき地にも学校を配置してきたのは、何よりも平等性の観点からであった。

　また、地域から学校の灯が消えることは、その地域のさらなる衰退を招く。東井（1957）は、学校が都市への人口流出に加担する教育をしていることを痛烈に批判したが、現在の学校統廃合は、それにとどめを刺しているようにみえる。北海道全体の未来をどうデザインするのかという構想とセットで、教育計画は十分に吟味されているのだろうか。

3　未来をえがく共同の力としての学力へ

■ 子ども自身がもっている力

　室蘭工業大学の卒業生で、学生時代に子どもの教育支援活動を行っていたＮさん（現・道内高校教師）に話を聴いた。以下Ｎさんの語りである。

　　ある時、親に怒られて、落ち込んでから来た子がいた。その子に「勉強するか」「遊ぶか」を聞いた。子ども自身に自分のコンディションと向き合う問いかけをして、子ども自身に自己決定を委ねることが重要だと思った。その子は「遊ぶ」と答えた。一般の教育者は指示を与えすぎるのかもしれない。

　　私が室蘭で学生時代やっていた教育支援団体では、その子が貧困家庭であるとか、親がどうだとか、背景を気にしなかった。

　　最近は、発達障害が話題となり教師も生徒にレッテルを貼る傾向がある。しかし、葛藤と向き合ったりやりたいことを見つけて取り組んだりする力は、子ども自身のなかにある。大人の都合で制限をかけずに、子ども自身が持っている力を大事にしていきたい。

　　すなわち、子どもの伸びる力を信じ、尊重していくことが大事なのだ。そして、それこそが真の「学力」につながる。

■ 未来をえがく共同の力へ

　「学力」とは何か、を問うために北海道の環境を子どもの学びのために存分に活かしたい。北海道の自然の力にもう一度耳を傾け、食生活を見直し、からだのあり方を考えてみたらどうだろうか。豊かな自然があるにもかかわらず後継者難と経営の厳しさを抱える第1次産業のあり方も考えよう。アイヌ民族の豊かな文化もある。自然とともに生きるアイヌ民族の世界観を深く学ぶことで、人生観の幅も広がるだろう。北海道以北にも広大な世界が広がり、多様な先住民族の豊かな生活と相互交流の歴史があったことにも思いを馳せよう。

　自然との付き合い方、自分の人生、北海道の未来の産業や国際性を、互いの考えを分かち合いながら、共同で見通す。社会の行き詰まりを超えて、未来の「北海道」をえがく共同の力として、もっと広い意味で「学力」を捉えたい。

【謝辞】本章には「トトロの会」（胆振の子どもと教育を考える会）での議論が活かされています。一緒に議論した方々に感謝します。

〔読んでみよう／行ってみよう／調べてみよう〕
北海道歴史教育者協議会、北海道教育科学研究会、北海道生活教育研究会、北海道作文の会、北海道地区数学教育協議会など、民間教育研究団体と呼ばれる教師たちの研究組織がある。関心のある催しに参加してはどうだろうか。

〔参考・引用文献〕
梶井祥子編、2016、『若者の「地域」志向とソーシャル・キャピタル』中西出版
両角憲二、1982、『バラサン岬に吼えろ』民衆社
東井義雄、1957、『村を育てる学力』明治図書出版
＊なお、各調査報告等については文中に示した。

【阿知良洋平】

第3章　学生アルバイト問題から考える職場の「平和」のつくり方

1　荒廃した職場と私たちの課題

　長期化する新型コロナウイルス禍（以下、コロナ禍）を背景とする就職内定率の急落という政府調査の結果が発表された。学生の就職不安が増している。しかも、運よく就職できたからといって安泰ではないことも、過労死やパワハラの報道から薄々感じていることだろう。過労死の危険性が高い働き方をしている被雇用者は、減少してきているとはいえ、総務省「労働力調査」によれば日本にはなお400万人近く存在する。また、仕事が原因で精神疾患を発症したと労災申請をする人はここ10年で倍増しており、その半数は10〜30歳代が占めている（以上は、厚生労働省「令和元（2019）年版　過労死等防止対策白書」を参照）。本書のテーマである「平和」とは真っ向から対立する状態だ。

　人生で最も長い時間を過ごす職場がこんな荒廃した状況ではやりきれない。我慢して過ごすその鬱屈は、他者や自らを攻撃するエネルギーに転嫁されかねない。後者は、うつ病の発症や最悪の場合自死に至る。道のりは険しいが、やはり、職場の労働環境を変えていくしかない。憲法や労働法はそのことを求めている。

　本章では、労働現場で起きていることを取り上げながら、問題解決＝平和の実現のために何ができるのかを考えていく。ただしここでいう労働現場とは、自分事として考えやすい学生アルバイトの現場だ。筆者（北海学園大学）のゼミで2019年に実施した調査・研究成果を教材に使う。学生アルバイト問題に向き合うことで、仕事や職業生活に対する考え方が豊かになることを願う。[1]

2　キャンパスライフに占める高いアルバイト割合と、その今日的な背景

　学生アルバイトにみられる特徴の第一は、高い就労率、つまり、多くの大学生が働いていることである。全国大学生活協同組合連合や日本学生支援機構などの調査によれば、7〜8割の大学生が働いている。筆者の調査でも、大学入学後にアルバイト未経験者は1割に満たない。多くの学生にとって、アルバイトは日常の一部である。

　ちなみに、人材広告企業のある調査（マイナビ「高校生のアルバイト調査」2019年11月7日）では、高校生の4人に1人が働いている。筆者調査でも、回答者の3割は高校時代に早くもアルバイトを経験している。

　第二に働く時間も長い（図3-1）。卒業を見越して年間に取得する単位数を40単位とすると、その単位を取得するのに必要な授業時間数はのべ450時間であるが、それ以上の時間数をアルバイトに費やす者は全体の半数を超えている。キャンパス内よりもアルバイト先で長い時間が過ごされている。

図3-1　普段の1週間の勤務時間数
（直近のアルバイト経験を含む）

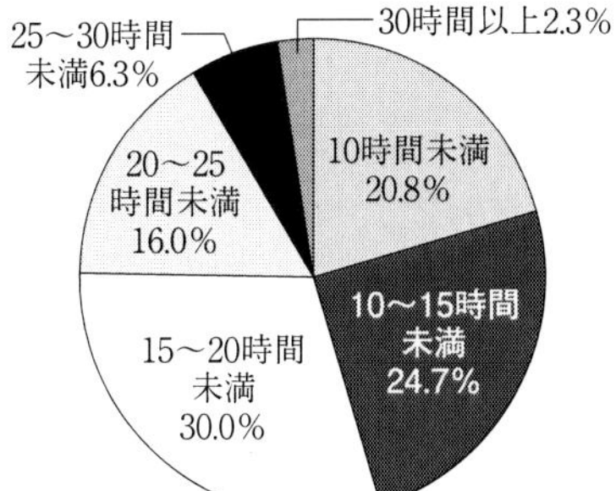

出所：『北海学園大学学生アルバイト白書2019』より

　第三に、以上にみた、学生の高い就労率・長い労働時間の背景には、まず経済的な理由があげられる。私立大学では平均年間100万円もの授業料を支払わなければならない。これに対して（図3-2）、主な学費負担者である親の賃

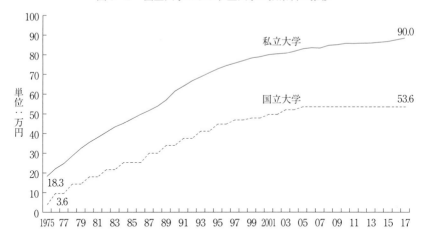

図3-2　国立大学および私立大学の授業料の推移

注1：年度は入学年度である。
注2：国立大学の2004年度以降の額は国が示す標準額である。
注3：私立大学の額は平均である。
出所：文部科学省「国公私立大学の授業料等の推移」より作成

金・所得が減り、奨学金やアルバイト収入がなければ大学に通い続けることは難しい（奨学金問題の詳細は本書の第1章を参照）。

　また、コンビニ・小売店や飲食店など、基幹的業務に従事する労働力として学生が必要とされているという産業・経営側の事情もある。安価で使い勝手のよい労働力を不可欠とするビジネスモデルが経済的弱者の学生を強く引き寄せている。

3　学生が直面するアルバイト問題

■ 問題発生も日常的⁉

　企業とは、より多くの利益を求めて事業活動を展開する組織である。また働く側（労働者）は、使用者の指揮命令の下に入って働くことになるので、自由を制約される。こうした基本的な構図があるため、職場とは様々な問題が起きやすい場である。加えて近年では企業間の競争が激しくなり、業績や効率が厳

しく求められがちで、競争のつけは働く者に転嫁されている。しかし、学生たちの多くは、そのようなことへの心の準備がないまま職場に入りトラブルに巻き込まれている。

　学生から寄せられた相談事例を挙げると、店の売り上げ不振でクビになった、支給日に給与が支払われない、勝手にシフトを増やされる、タイムカードを切った後にも働かされる、仕事を辞めさせてもらえない、店長からのパワハラ・セクハラに困っているなどがある。10万円超の給与不払いの経験者も過去にはいた。逆にいえば、このように、労働問題を経験する機会が早期化している。

　図3－3は、回答者がこれまでのアルバイトで経験した問題（複数回答可）をまとめたものである。これを使いながらさらに話を進めていく。

■ 勤務・働き方をめぐる問題

　学生から受ける相談で多いのが、勤務・働き方をめぐる問題である。⑧慢性的な人手不足（37.1％）という職場状況（2019年まで）を反映してか、③急な出勤要請や勤務増（27.5％）のほか、④忙しいとあがらせてもらえなかったり（21.6％）、②休憩が取れなかったりカットされたり（14.3％）、休みたければ代わりの人間をみつけてくるよう命じられたという話もよく聞く。その一方で、⑤暇だと急に早あがりや休みを要請される（33.1％）など、学生は調整弁として柔軟な使われ方をしている。

　コンビニや飲食店などでのワンオペ（ワンオペレーション、1人勤務）に象徴されるように、そもそも、学生への安全配慮のない勤務シフトも珍しくない。

■ 上からと客からのハラスメント問題

　近年日本の職場では、いじめやハラスメントが深刻だ。その被害は学生にも及んでいる。アルバイトを指導する立場にある店長や「社員さん」が長時間労働で追い詰められ、そのことが、⑭仕事に関する説明が不十分（14.9％）、⑮必要以上の叱責等（4.6％）、⑯嫌がらせ等（4.5％）につながっていると考えられる。指導者、管理職としての十分な教育・研修を受けることなく、学生アルバ

図3-3　これまでのアルバイトでの悩みや困った経験など（複数回答可）

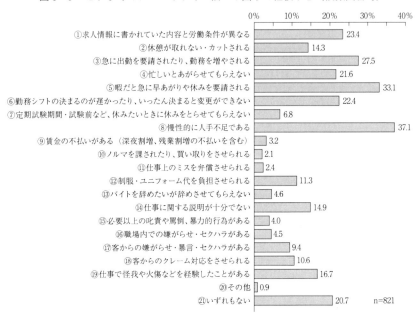

出所：図3-1に同じ

イトなど非正規職員を指揮する若い社員も少なくない。彼らもまた、育てられる機会が十分に与えられていないのである。

　図表は省略するが、調査ではほかに、アルバイトの離職経験と理由を調査で尋ねている。結果は、アルバイトで離職を経験したことがあるという者が全体の46.9％に及び、そのうちの23.6％が、ハラスメントなどの人間関係を理由にあげてもいた。

　職場内の人間関係だけがトラブルのもとなのではない。キレる客や酔客の対応など学生たちは接客の最前線に立たされている。⑰客からの嫌がらせ・暴言・セクハラ（総称してカスタマー・ハラスメント（カス・ハラ））が9.4％であるほか、⑱クレーム対応をさせられるケースも10.6％である。接客を伴うバイトに分析対象を限定すれば、この値はさらに増すだろう。カス・ハラと学生は無

縁ではない。

4　いったい何が問題？──労働法に照らして問題を考えてみる

　「働く世界」とは本来は何でもありの世界ではない。使用者を縛り労働者を保護するルールがある。それが労働法である。最近は、ワークルールという言葉で市民社会に定着しつつある。労働法とは、労働基準法をはじめ、労働分野の各種法律を総称した言葉である。もちろん労働法は、学生アルバイトにも適用される。この労働法を知ることがまず必要である。先の図3－3に戻って問題をさらに取り上げながら、そのことを確認していこう。

■ 働くとは労使間で契約を結ぶこと

　第一に、どんな仕事を、どの位の期間、どの時間に、いくらの賃金で働くかなど、働き始める際には、働く者と雇用（使用）する者との間で、つまり労使の間で契約を結ぶ。もちろん、最低賃金に満たない時給が設定されていたり、ミスに対するペナルティが設けられているなど、法律に違反するような契約は無効である。

　契約をめぐるトラブルを防止するために、使用者には、労働者に提示すべき内容が労働基準法で定められており、上で示した重要項目に関しては書面交付が必要とされている。

　ところが、筆者調査では、書面交付があったのは約6割（58.1％）。交付はないが書面で提示（14.2％）まで含めてやっと7割超という状況である。使用者側に問題があるのは言うまでもないが、自らも契約の一方当事者なのだという認識を学生がもつことも、トラブルを防ぐ上で重要である。図3－3の通り、①求人情報に書かれていた内容と労働条件が異なるといったことは珍しくない。さらにいえば、契約が巧妙になっている。例えば、勤務場所や勤務シフトについていえば、使用者側が柔軟に調整できるよう、各店舗の繁閑状況によって決める、勤務日以外にも出勤を命じることがあるなど、幅をもたせた記載となっているケースも最近目につく。労働者側にも契約内容の注意深い確認が求

められる。

■ 賃金の支払いルールと、ミスに対する弁償問題やノルマ問題

　第二に賃金の支払いには、通貨払い、全額払い、直接払い、毎月１回以上払い、一定期日払いなど５つの原則がある（労働基準法第24条）。

　筆者調査では、露骨な賃金不払いの訴え（⑨）こそ少ないが、④休憩が取れなかったりカットされたりとか、⑤暇だと急に早あがりや休みを要請されるというのも、同種の問題である。④は、休憩分の賃金が引かれているケースがほとんどだから賃金不払いの問題であり、⑤は、民法上は100％の賃金支払いを請求できるし、労働基準法第26条では６割以上の休業手当の補償がうたわれている。今回のコロナ禍でも、雇用保険被保険者ではない学生アルバイトらも特例措置によって、休業手当の原資となる助成金（緊急雇用安定助成金）の対象となり、企業にとっての経済的負担が軽くなったはずだが、休業手当などもらっていないという声は広く聞かれた。

　賃金は１分単位で支給されるものである。しかし実際には、時間外労働が15分単位、30分単位で計算されているということを学生から聞くことがある。

　レジが合わないこと、商品を汚損・破損したことなどを理由に損害賠償を求められたり、ノルマが未達成である場合に自腹での買い取りをさせられたりするケースもある。

　図３-３の⑩⑪の数値はともに低いから、労働力不足で状況が改善されている可能性はあるが、損害賠償も買い取りもあってはならない。賃金は全額払いが原則であり、ミスやノルマ未達成分の勝手な天引きは禁止されている。ミスへの違約金を定め、損害賠償額を予定する労働契約も禁止されている（労働基準法第16条）。故意ならともかく、労働者が通例の注意義務を払って生じたミスは経営上のリスクと判断されるのが通常であり、万が一、何らかの理由で負担を余儀なくされる場合でも「損害の公平な分担」が不可欠だ。

■ 休んでも賃金が支給される権利──年次有給休暇

　半年以上の勤務と全労働日の８割以上の出勤という一定の要件を満たすこと

で、年次有給休暇を労働者は獲得できる（フルタイム労働者の場合、半年で10日間、その後は勤務期間が1年増えるごとに1日増）。これは仕事を休んでも賃金が支払われる休暇のことである。付与される日数は勤務量に比例するので、フルタイム労働者に比べると少なくなるが、学生アルバイトにも適用される。

　ところが、これまでのアルバイトでの有給休暇の取得経験を尋ねたところ、「取得したこともなく、店や店長からとくに説明を受けてはいない」と答えた学生が全体の3分の2を占めた（67.0％）。「実際に取得したことがある」学生は2割にも届いていない（16.1％）。「学生は有給休暇を取得できない」という誤った説明もされており、有給休暇を取る権利があることが理解されていない。

■ 就業規則や時間外・休日労働に関する協定書を調べてみよう

　以上の通り、職場で起きている問題に対する認識や対応は、労働法を知っているかどうかで随分と異なってくるのではないだろうか。労働法の基本を知らなければ、我々の指示が絶対的なルールだと店長や社員に言われても疑いをもつことなく従うことになりかねない。

　ところで、雇用契約書までの確認はできていても、就業規則や、時間外・休日労働を労使で締結した協定書（通称36協定書）を見たことのある人は少ないだろう。昇給の基準や年次有給休暇に関する情報など、学生アルバイトの関心事も就業規則には記載されており、重要な文書だ。しかも、労働基準法第106条では就業規則等の周知義務が使用者に課されている。すなわち、就業規則等を被雇用者が見たことがないこと自体が本来はおかしい。アルバイト先で、就業規則や36協定書などを確認してみよう。

5　問題の解決に向けて──就職活動やキャリア教育・学習を豊富化してみる

　高校や大学など教育機関は今、キャリア教育の実施機関となっている。キャリアの語源は車や馬車など乗り物が通った後にできる轍（わだち）のことだ。ここから考えても、そこで扱う内容を就職活動に限る必要はない。就職活動も

内定獲得も、ゴールではない。就活対策、就労意欲の喚起に傾斜しがちな現行のキャリア教育・学習をアップグレードしたい。すなわち、労働法や働く者の権利を学ぶことに加え、日本の職場の現状を知り、問題の解決策を様々な次元で考えるなど、キャリア教育・学習の内容の豊富化を提起したい。それは、主権者教育、シチズンシップ教育で要請された内容とも重なり合うのではないか。

■ 問題を構造的に考える

第一に、経済・景気に左右される労働市場の現状を凝視しよう。

文部科学省の「学校基本調査」データに基づき、北海道における大卒者の進路状況の推移をみると、非正規雇用で就職した者、一時的な仕事に就いた者、無業で卒業した者を足し合わせた割合は、就職状況の改善がいわれていたコロナ禍以前でさえ卒業者の1割強を占める。不況のピーク時には3割にまで達していた。ともすれば個々人の努力に矮小化されがちな就職問題は、構造的問題であるという視点で対策を考える必要がある。それはコロナ禍で就職状況の悪化が避けられない今、切実な問題として理解できるのではないか。

第二に注目すべきは、政治である。より焦点を絞って、労働法の制定過程に目をこらそう。働く人が厳しい状況におかれている理由の一つには、労働分野の規制の脆弱性が挙げられる。なぜ実効性ある法制度が作られないのか。どういう力が実効性ある法制度を押しとどめ、骨抜きにしているのか。労使間の利害の衝突を、法の制定過程や政治に発見することが必要である（〔読んでみよう／行ってみよう／調べてみよう〕を参照）。

■ アルバイト問題を起点にした業界研究

就職活動で推奨される業界研究活動は、就職希望の業界にこだわって行う必要は必ずしもない。自らのアルバイト先も立派な研究対象になる。

例えば、学生の主要なアルバイト先の一つであるコンビニ業界は、市民生活を守る社会インフラであり、全国で約5万6000店という店舗数に12兆円超えの売り上げ（経済産業省調べ）という華やかな顔をもつ。その一方で、最低賃金水

準で働く非正規労働者を不可欠とする厳しい顔をもっている。

　労働者の低賃金の背景を掘り下げれば、彼らの雇い主であるオーナーもまた、コンビニ本部との関係で厳しい境遇に置かれていることが分かる。経営リスクを回避し本部が利益を収奪できるコンビニ会計や集中的な出店攻勢など、フランチャイズ方式をめぐる状況下で、オーナーは圧倒的に不利な立場に置かれている。アルバイト問題を起点にしたコンビニ業界の光と影がここでの研究テーマになる。

■ 学校で労働法と労働組合を学ぶ——みんなで発言して変えるという経験

　労働法を学んだとしても、アルバイト先での違法状態を使用者に指摘することは容易ではない。就活中や就職後には、そのハードルはより一層高くなるだろう。

　その意味では、利害が衝突する中で自らの利益や権利を実現するためのコミュニケーション能力を身につける必要がある。とりわけ経済的・社会的に圧倒的に不利な労働者には、一人ではなく、みんな（集団）で発言する権利＝労働組合の結成が日本国憲法や労働法で保障されている。職場に労働組合があれば、労働条件を使用者が一方的に決めるということにはならず、労使が対等な立場で協議し、決めることが可能になる。労働条件決定における労使対等原則の実現だ。

　ただ、そんな状況はイメージしづらいだろう。人権を制約・侵害するような校則や権威主義的な上下関係などで、学校教育の現場では発言を封じられてきたからだ。いわゆるブラック校則・ブラックバイト・ブラック企業は地続きの問題である（ここでのブラックは、違法で悪質という意味）。学校やアルバイト先など足元から、発言の練習を始めてみよう。

1)　この章は、道幸（2020）に収めた川村雅則「学生アルバイトの実態」と重複がある。また本文にも書いたが、本章で紹介するのは、筆者のゼミで行っている学生アルバイト調査・研究の成果（『学生アルバイト白書』）である。とくに断りが無い限り、2019年調査のうち昼間部の学生を対象としたものを使う。詳細は、筆者の研究室のウェブサイトで公開している『白書』を参照されたい。『白書2020』も完成し、公開している。

http://www.econ.hokkai-s-u.ac.jp/~masanori/index

〔読んでみよう／行ってみよう／調べてみよう〕

(1)　調査の企画を自分たちでも立てて、学生アルバイトの実態を調べてみよう。明らかになった問題には具体的な解決策を考えてみよう。『学生アルバイト白書の作り方』を公開しているので参照されたい。

(2)　2018年6月に「働き方改革一括法」が成立し、2019年4月から順次施行されている。政府主導で進められているこの「働き方改革」には賛否両論がある。働き方改革とは、どういう前提（立法事実）に基づき、何をどう改革し、どのような効果が得られるとされているか。多面的に調べてみよう。

(3)　労働組合は実際にどのような活動をしているのか。とくに、職場で困ったことがあったとき、一人でも、学生アルバイトでも加入できる労働組合がある。報道やインターネット情報で調べてみよう。

〔参考・引用文献〕

大内裕和・今野晴貴、2015、『ブラックバイト』堀之内出版
大内裕和、2017、『奨学金が日本を滅ぼす』朝日新聞出版
道幸哲也ら編著、2020、『学生のためのワークルール入門〔第2版〕』旬報社

【川村雅則】

第4章　ジェンダーの視点からみた北海道の労働と生活

1　「代表者は男性」か？

　現在、北海道には179の市町村があるが、その首長（市町村長）がすべて男性だということをご存じだろうか（北海道総合政策部地域行政局市町村課「市町村長・副市長村長・議長・副議長名簿」2020年10月1日現在）。また、女性議員が1人もいない市町村議会は54（30.2%）で、これは全国47都道府県で下から7番目だ（内閣府男女共同参画局『全国女性の参画マップ』2020年5月）。ほぼ男女半々の人口に対し、この著しい偏りは奇妙にみえる。それどころか、大問題としてとりあげられてもおかしくない格差である。しかし巷間には、「いつものこと」「すぐ解決すべき緊急の問題でもない」との受けとめがある。立候補は性別に関係なく権利として保障され、投票も個人の意思が尊重されているのだから、その結果を尊重すべきとの意見もあろう。けれども、性別による偏りは、すでに立候補の時点で生じている。どうしてこのような状況が生じているのだろうか。「いつもの光景」として受容されるのは、なぜだろうか。

　自治体行政の仕事は私たちの日常生活と深くかかわる。そこに責任を負う首長や議員は男でないとできないというわけでもなく、女性に不向きとも思えない。にもかかわらず、性別による大きな偏りは、どうにも不可解である。

　この現象は身近な地域や生活の中でもみられる。家庭、学校、PTA、子どもにかかわる団体、地域の自治会といった場では、性別に関係ないか、むしろ女性の活躍の方が目立つくらいだ。他方、各家庭の世帯主となるのは男性が多い（単身世帯等を除く）。選挙や子どもにかかわるお知らせなどの通知は家族全員分がまとめられて世帯主宛に送付され、各種申請書類にも世帯主の記入欄がある。新型コロナウイルス感染症対策の一環として政府は住民一人につき10万

円を給付したが、これも世帯全員分の合計金額が世帯主の口座に振込まれた。そもそもなぜ世帯主が必要なのか疑問もあるが、日本で暮らす私たちにとって家庭の代表者は男性というのが「いつもの光景」となっている。学校に提出する書類の保護者名に、母親が夫（父親）の名前を書く慣習にも浸透している。実働とは別に書面上・形式上は男性（父親）を代表者にする慣行は PTA や地域の団体でもみられる。北海道内の町内会長の女性比率は3.3%（全国市町村平均5.9%）、PTA 会長は6.6%にすぎない（北海道環境生活部くらし安全局道民生活課『道内市町村における男女平等参画社会の形成又は女性に関する施策の推進状況調査結果』令和2（2020）年3月）。

　職場でも同様である。管理職は圧倒的に男性が多い。全国数値（2019年）では、民間企業（100人以上）における管理職に占める女性割合は、課長相当職11.4%、部長相当職6.9%、都道府県公務員は本庁課長相当職11.3%市区町村17.2%と極めて低調だ（内閣府男女共同参画局『男女共同参画白書（令和2年版）』）。北海道の市町村公務員の場合、一般行政職で7.8%、医療職・研究職・教育職・その他の職を含めると12.9%（いずれも本庁課長相当職以上）にすぎない（前掲北海道 2020）。どこをみても女性管理職は少数派で、男性管理職が当然視されている。さらにいえば大学も同様の傾向で全国の大学長773人中女性は99人（12.8%）、国立大のみだと86人中3人（3.5%）で（文部科学省『学校基本調査』令和2年度）、女性職員は課長相当職以上18.5%（事務系12.8%）となっている。

　このような日本の社会の「見慣れた光景」は、しかし国外からみると奇異にみえるものだ。世界経済フォーラムが毎年発表する「男女平等ランキング」（「ジェンダー・ギャップ指数」）において、日本の順位（2019年）は、153カ国中121位（前年110位）で過去最低と報道された。日本政府は、「社会のあらゆる分野において、2020年までに指導的地位に女性が占める割合を少なくとも30%程度」と目標を掲げていたが（2003年6月・男女共同参画本部決定）、現在（2020年12月）、政権の閣僚ですら男性18人に対し女性2人（10%、菅内閣）にとどまり、自ら掲げた目標の達成には遠く及ばない。現在、これは2030年までと期間が延期されている。国会議員の女性割合は、衆議院9.9%（2017年10月選挙立候補者17.8%）、参議院22.9%（2019年7月選挙立候補者28.1%）で、他国に比して極端

に少なく、衆議院議員の女性割合を高い順に並べると190カ国中163番目だ（2020年6月現在）。男女平等を謳った日本国憲法公布施行から約70年、「女性に対するあらゆる差別の撤廃に関する条約（女性差別撤廃条約）」批准（1985年）から30年以上経つが、その理念を実質的に実現するのは容易な道のりではない。

　このように日本社会には「代表者は男性」という実態と、それを「いつもの光景」と捉える意識が根づいている。そして、この実態と意識は相互に補強しあいながら再生産を続けている。しかし、世界を見渡せば、女性の首相や官僚は珍しいことではなく、日本国内でも女性の首長が誕生し、市（区）議会は男女半々など「代表者は男性」は過去の話となりつつある。「代表者は男性」は、永遠に続く絶対的なものではなく、変わりうる、変えられるものである。

2　ジェンダー統計からみえる労働問題

　それには「いつもの光景」を意識的に捉える必要がある。そこで数値は重要な手がかりとなる。ただし、その数値の何をどのように把握するかが問題だ。

　性別による偏りや傾向の違いを把握するために、性別で分けて数値を算出し、並べたものを、ジェンダー統計と呼ぶ。先にみた、いくつかの数字はその一例である。以下、それを労働にそくしてみてゆこう。

　日本の就業者は現在、総数6687万人（2020年1月）、うち雇用者5665万人（役員を除く）である。雇用形態別に見ると、「正規の職員・従業員（正規職）」62.1％（3516万人）、「非正規の職員・従業員（パート、アルバイト、派遣社員、嘱託等）（非正規職）」37.9％（2149万人）となっている。雇われて働く労働者の6割強が正規職、約4割弱が非正規職というのが全般的な状況である。

　では、これを性別という視点からみるとどうだろうか。雇用者全体の男女比は、男性3030万人（53.5％）、女性2636万人（46.5％）と半々に近い。しかし、正規職の割合は、男性67.0％（2356万人）、女性33.0％（1161万人）と、7：3の割合で男性が多い。対照的に、非正規職では、男性31.4％（674万人）、女性68.6％（1475万人）と逆転し、3：7の割合で女性に偏る。このように、正規職は男性が、非正規職は女性が、多数派を占める。

　つぎに、正規職の中での性別による差異を賃金についてみてみよう。平均賃金（一般労働者の所定内給与）は男性を100とすると女性73.4と算出される（内閣府『男女共同参画白書　平成30年度版』2019年）。この差を生む要因として指摘されるのは、産業、職種（技術職、事務職）、職階（部長、課長、係長）、勤続年数などである。相対的に賃金が高い産業や職種に男性が多く、勤続年数が長く年齢や職階が上がるほど女性が少ないことが影響しているのである。

　これは従来、日本の職場に根づいてきた雇用労働者の標準モデルと深くかかわっている。学校・大学卒業後に就職した会社で定年まで働き続ける終身雇用では勤続年数が長くなるほど給与が上がる。入社後、複数の業務や職場での経験を積み重ねながら昇進する慣例があるため勤続年数の長さは会社を担う基幹的な労働者になる条件となった。反対に早期の離職や中途入職など勤続年数が短い場合、その賃金上昇は鈍くなる。このような年齢・勤続年数と賃金の関係や昇進のあり方が結果として男女の賃金格差につながっている。

　『第15回出生動向基本調査（結婚と出産に関する全国調査）』（国立社会保障・人口問題研究所、2015年）によれば、働く女性の第1子出産前後の就業継続率は53.1％（2010〜2014年）となっており、そのまま仕事を続ける人と、出産を機に退職する人が同程度になっている。以前は、出産する女性3人のうち2人が離職していたのだから、ずいぶん増えたという印象ももつ。とはいえ男性（子の父親）にはこの傾向はみられないのだから、出産はともかく育児による離職は勤続年数の男女差の直接的な要因となっている。

　ところで、日本の女性の「M字型就労」の話を聞いたことがあるだろうか。労働力率（就業者と完全就業者の割合）を年齢階級別にみた場合、働く女性の割合は、20代に高かったのが30代でいったん低くなり40代で再び上昇するので、線がMを描く。M字の真ん中の落ち込み部分は、結婚・出産・育児による離職者を示すと考えられてきた。他国ではM字より台形に近いから、出産や育児による離職・再就職によるM字は日本の特徴ともいわれてきた。

　しかし、離職こそ減ってきたものの、あるいは無職の期間こそ短くなったものの、「男は仕事、女は家庭（家事・育児・介護）」という固定的な性別役割分業と、それを前提とした女性の家計補助的な働き方という基本的な構図は変わっ

ていない。女性の労働力率は大きく上昇し、就業者数でみれば男女半々に近い
にもかかわらず、職場の労働者の標準モデルは固定的性別役割分業を前提とし
た男性が想定されている。出産・育児でいったん離職した女性の多くが40代に
なって非正規職で再就職する現実は、育児をしながら働き続けることのできる
環境が日本には必ずしも十分に整備されていないことを示している。これは、
女性のみならず男性にも、働くことと家庭生活の両立を難しくさせている。

　さらに、性別役割分業と結びついて形づくられてきた正規職と非正規職との
関係は、正規職を「主」とし、非正規職を「従」と処遇してきたことで、非正
規職の労働者の経済的な生活基盤を脆弱なものにしている。性別ごとに正規・
非正規の割合をみると、男性では、正規職が77.8％、非正規職が22.2％なのに
対して、女性では、正規職が44.0％、非正規職が56.0％となっている（総務省
統計局「労働力調査（基本集計）2020年（令和2年）1月分」）。北海道ではさらに
女性における非正規職の割合は60.5％と高くなっている（北海道総合政策部情報
統計局統計課「平成29年就業構造基本調査（北海道分）」）。女性の就業先が、宿泊・
飲食サービス業、小売業、医療福祉など非正規職の多い産業に偏っていること
が、その要因として考えられる。なお、大卒者や専門職・技能職は正規職にな
りやすいことから、北海道の場合、女性の高等教育進学率の低さと、非正規職
の割合の高さとの間にある関係も見逃せない。4年制大学進学率は、男子
50.9％、女子38.9％で、差は12.0ポイントあり、男女の進学率格差は全47都道
府県で2番目に大きい（朝日新聞2018年10月10日）。

　正規職の男性労働者と家計補助的な女性労働者のカップルを前提として非正
規職が考えられてきたかつてと異なり、現在は、様々な人が非正規職で働いて
いる。そうなると、非正規職の労働者が自らの生活を成り立たせる経済的基盤
を得ることの困難は、性別にかかわらず広く皆にとっての共通の問題となる。
「男は仕事、女は家庭（家事・育児・介護＋家計補助的労働）」という固定的な性
別役割分業を前提につくられてきた労働環境が基幹的労働者（正規）と補助的
労働者（非正規）という関係として存続し、性別役割分業にあてはまらない
様々な生き方を制約する仕組みとして現在も機能し続けているのである。

3　統計的差別とジェンダー概念

　ここまで数字を紹介して男女の性別比較を行ってきたが、ここで、いったん立ちどまって考えておくべきことがある。数値の収集やその結果が、統計的差別やジェンダー・ステレオタイプの再生産につながりかねない危険性である。

　量的把握にはカテゴリー（例えば「男」「女」）が必要となる。「男か女か」「高卒か大卒か」「正規雇用か非正規か」といった具合に一人の人間が各カテゴリーへと割り振られてゆく。しかし実態としては「男」にも「女」にも様々な人がいる。女性の社長もいれば、非正規職で働く男性もいる。量的データは大きな傾向をつかむのには便利で有効だが、数字は小さくても一人ひとりは固有の存在であり、多様な実態があることを忘れてはならない。

　これを忘れると大きな間違いを起こしかねない。例えば、出産した女性労働者の半数が離職という統計結果を根拠として「女性は出産後に退職する人が多いので雇用しない」という方針を立てれば、それは明らかな性差別である。出産しない人や出産しても退職しない人がいるにもかかわらず、「女性は出産したら退職するもの」としてすべて同一に扱っているからである。誤った先入観による女性への抑圧だと指摘されても仕方がない。同様に、「男性は体力があるから残業は男性のみ」とのルールが職場で慣習化されているなら、これもまた個別事情を考慮しない男性への性差別にあたる可能性がある。

　つまりジェンダー統計は単に男女の差異を明らかにしようとするものではなく、男女による数値の差異がどのように生じているのかを解明することで性別による不平等・不公正をあぶりだし、それを解決するために活用されるべきものなのである。出産後に離職する女性の多さは離職しなくても働き続けられる職場環境づくりに生かすことが求められるし、やむを得ず発生する残業には各労働者の事情に対応した適切な配置や処遇が考えられるべきであろう。性別にこだわって現実を把握することで、性別によって排除されたり強要されたりしない状況をつくるためにジェンダー統計は意味がある。

　以上に加えて、性別は2つかという点も考える必要がある。男と女をつねに

　並列させて比較を続けてゆくと、あたかも人間は男と女という2つで構成されるものと思い込みかねない。そして、男女で数値が違うことを、異なる2種類のグループの本質的な相違とみなしかねない。つまり、ジェンダー統計の多用は、男女という2つの性別の存在を固定化させてしまう危険性があるのだ。

　あらためて「ジェンダー」という言葉の意味を整理しておこう。

　まずジェンダー統計のように性別それ自体を指してジェンダーと呼ぶことがある。ただし、ここでの性別＝ジェンダーは、身体的・生物的な区別というより人為的・便宜的に用いられた社会的区別と考える方が適切である。現在、性別を尋ねる必要がある時、2つ以上の選択肢が設定されることがある。これは性別という区別の仕方が絶対的なものではないことを示している。実際のところ、何をもって「男」「女」とするのか、その根拠も一概にはいえない。ジェンダーとは、区分やカテゴリー自体ではなく、「分ける」「線を引く」という行為（動詞）として理解する方が、現実的でわかりやすいともいえる。

　ただ、話はここで終わらない。男女という性別には各々に異なるイメージや役割が付着しており、それを指してジェンダーともいう場合があるからである。「男らしさ」「女らしさ」「男性役割」「女性役割」などと表現されるものである。これは一定範囲の中で共有されている（と考えられている）性別にかかわる社会通念に依拠している。ここでいうジェンダーとは、そのような通念を自明とせず、特定の状況の中で共有されているものとして対象化する意図を含んで用いられる。「代表者は男性」も、このような意味でのジェンダー（性別に関する通念）である。通念の中身は、時代や社会によって異なるので、ここでもまたジェンダーは人為的に形づくられたものとして理解できる。

　さらにいうと、性別や性別にかかわる通念に起因する差別や抑圧、序列という事態や関係もジェンダーという言葉で表現する。例えば、男が「主」で、女が「従」というのは、各々が単体で存在している時には発生しないのだから、そこでの問題は「主―従」という関係性が形成されることだと考えられる。このような意味での関係性のありようを指してもジェンダーと呼ぶのである。

　「ジェンダー」は言語学における名詞を性別化して分類する文法的性別（男性名詞・女性名詞・中性名詞）だが、1970年頃よりそれ以外の意味でも使われる

ようになった。身の回りで起きる物事を観察・分析したり、社会の問題を考えたり、それを解決しようとする時、ジェンダーを視点として用いることは可能かつ有効であり、強力な武器にもなる。

4　ジェンダーと労働のこれから

　北海道の基幹産業である農業において、女性たちは主要な働き手であり続けてきた半面、女性の労働に対する周囲からの評価は必ずしも高くはなく、その法的・経済的・社会的地位は低く押しとどめられてきた。北海道の女性には、「強い」「男まさり」「自立心が旺盛」「おおらかでたくましい」というイメージがあるともいわれる。しかし、本州に比して規模の大きい専業農家が多く、男性が基幹的に従事する北海道では、農業経営においても家庭においても代表は男性が担うという傾向が強く、家族の内でも外でも女性が意思決定過程にかかわるハードルは高かったと指摘されている（札幌女性問題研究会 2013）。

　しかし、近年、女性の存在感は少しずつ大きくなってきている。雇用労働者が職場で／職場を超えて横につながって課題を乗り越えて歩んで来たように、農業に従事する女性たちも地域内外にネットワークを広げ、その声を発信し、農業の新たな可能性を追求している。もちろん現実は簡単には変わらないが、地に足をつけた地道な歩みは、難問に挑む一つの希望となるだろう。

〔読んでみよう／行ってみよう／調べてみよう〕
小杉礼子・宮本みち子編、2015、『下層化する女性たち――労働と家庭からの排除と貧困』勁草書房
濱口桂一郎、2015、『働く女子の運命』文春新書

〔参考・引用文献〕
札幌女性問題研究会編、2013、『北海道社会とジェンダー――労働・教育・福祉・DV・セクハラの現実を問う』明石書店
北海道環境生活部くらし安全局くらし安全推進課、2012、『データでみる北海道の男女平等参画2012』北海道

【辻智子】

コラム① ジェンダーに基づく暴力と北海道

1 ジェンダーに基づく暴力とは

　ジェンダー規範（社会的につくられた性差）により、男性は力強さを、女性は従順さや弱さを求められるため、男女間に社会的立場の上下がおき暴力の要因となっている。そのため、女性が年齢にかかわらず各種暴力の被害者となっている。安心な居場所でなければならないはずの家庭や学校・職場・地域社会において、性虐待・性暴力やセクハラ、DV、デートDV、ストーカー、痴漢、盗撮などが起きている。また、AV出演を強要するなど、性や身体を暴力的に商品化することが見逃されている。ほとんどの女性が、女性であるが故に、性的な好奇心に晒された怖さを経験していることだろう。「女のくせに生意気だ」と怒鳴られたり、頭ごなしに意見を抑え込まれたり、さらに「言うことをきけ」と殴られた等の身体暴力を受けたことのある女性もいることだろう。

　世界保健機構（WHO）の調査データでも世界の中の女性の3人に1人が暴力に苦しんでいることが示され、とても深刻な問題であり、北海道も例外ではない。

　暴力には、身体的暴力（殴る、蹴るなど）、心理的暴力（脅す、無視する、ばかにするなど）、性的暴力（レイプ、同意のないセックス、避妊に協力しないなど）、経済的暴力（お金を渡さない、借金させる、名義貸しなど）、社会的な暴力（束縛、外出や交際を規制するなど）といった様々なものがある。近年ではデジタル暴力（リベンジポルノやSNS上での誹謗中傷など）も問題視されるようになっている。暴力とは相手に恐怖を与え、自由を奪うものであり、また暴力をふるう者の意のままに相手をあやつる態度や行動で、人権を侵害する行為である。

2 デートDV

　ドメステック・バイオレンス（DV）とは、配偶者やパートナーなどの親密な間柄で起きる暴力のことで、とくに学生などの若者が交際相手からふるわれる暴力のことを「デートDV」と呼ぶ。内閣府が3年ごとに行っている「男女間における暴力に関する調査」（2017年度調査）では、交際中に"身体的暴行""心理的攻撃""経済的圧迫""性的強要"のいずれかの暴力を受けたことがあると答えているのは、女性の5人に1人、とくに20代では3人に1人の割合で、そのうち2割が命の危険を感じたと答えている。

　身近なカップルの間でも、デートDVが起きているかもしれない。自分や友人が暴力をふるっていないか、または受けていないかをチェックし、デートDVがあったときに何ができるかを知っておく必要がある。

　交際している間柄でも、同意のないセックスは性暴力になる。日本では、2017年に110年ぶりに刑法が改正され、強姦罪が強制性交等罪となり、被害者の告訴がなくても起訴することができることになった。しかし、「加害者にはっきりとした暴行または脅迫があったこと」を証明できなければ罪には問えない。スウェーデンでは2018年刑法が改正され、"Yes means yes!"と、積極的な同意がない性行為を罪に問える性犯罪規定が新設されている。性的同意について、"Consent − it's simple as tea"の動画を参考に考えてほしい。

3　北海道におけるDV被害者支援

　北海道には、札幌、旭川、函館、室蘭、苫小牧、帯広、釧路、北見の8カ所に民間シェルターがある。1993年に札幌に開設された女性のための人権事務所「女のスペース・おん」が、DVに関する学習会やアメリカへのシェルター見学ツアーを主催し、それらに参加した女性たちが各地で民間シェルターを起ち上げた。さらには全国の民間シェルターと連携し、2001年「配偶者からの暴力防止及びその保護に関する法律」（DV防止法）の成立を推進する力となった。

　そこから20余年、「北海道シェルターネットワーク」として連帯して広域な北海道でのDV被害者支援を実践している。表は、内閣府の報告「配偶者暴力相談支援センターにおける配偶者からの暴力が関係する相談件数等の結果について（2018年度分）」より、相談件数（B欄）が上位10の都道府県の婦人保護施設等での一時保護人数（D欄）と民間シェルターへの委託人数（E欄）を比較したものである。北海道では、人口当たりの相談件数（C欄）は多くはないが、一時保護による支援につながる割合が高く、その多くを民間シェルターが担っていることがわかる。

　室蘭市にある民間シェルター「ウィメンズネット・マサカーネ」では、毎年20〜30組ほどのDV被害女性とその同伴者を一時保護している。2〜4週間ほどの滞在期間内に、新たな地域で再スタートするために、行政・司法手続きからアパートの契約や、引っ越しなどを支援している。

　最近の傾向として、ネット上で知り合い、北海道内外から女性が呼び寄せられたり、加害者が遠方から押しかけてきて居座ったりする事例も少なくない。

4　AV出演強要／性風俗業

　「ポルノ被害と性暴力を考える会（PAPS）」によると、アダルトビデオ（AVへの）出演強要被害は、東京だけでではなく地方でも起きているという。生きづらさを感じる10代、20代の女性が、家庭や学校、職場に居場所をみつけられず、仲間を求めて夜の街を彷徨い、性被害やDV、性風俗に取り込まれた例も少なくない。北海道には札幌だけではなく地方の町にも性産業がかなりあり、そこで搾取されている女性がDV被害で民間シェルターにつながる場合もあるが、心の傷が深く専門的なケアの必然性を感じている。

〔参考・引用文献〕
沼崎一郎、2002、『なぜ男は暴力を選ぶのか』かもがわ出版
宮本節子、2016、『AV出演を強要された彼女たち』筑摩書房
仁藤夢乃、2013、『難民高校生』英治出版
【石井佐登子】

		人口(万人)	A 配暴センター数	B 相談件数	C 相談件数／人口1万人	D 一時保護人数	E 民間シェルター委託人数
1	東京	1,394	17	17,578	12.6	757	11
2	千葉	627	19	8,622	13.8	109	0
3	兵庫	546	4	8,489	15.5	195	9
4	神奈川	920	5	7,060	7.7	263	85
5	大阪	882	13	6,972	7.9	389	10
6	埼玉	733	19	6,631	9.0	63	6
7	京都	258	4	6,333	24.5	115	0
8	北海道	524	20	2,783	5.3	262	129
9	静岡	363	4	2,610	7.2	74	5
10	福岡	511	12	2,423	4.7	142	9

A〜B欄：配偶者暴力相談支援センターにおける配偶者からの暴力が関係する相談件数等の結果について（2018年度分）（内閣府男女共同参画局）より
D〜E欄：平成29年度婦人保護事業実施状況報告（厚生労働省）より

46

第**5**章　技能実習生の労働

1　「移民国家」日本

　外国人を目にする機会が増えたと感じる方は多いのではないだろうか。東京の居酒屋やコンビニに入れば店員が外国人であることは珍しい光景ではなくなった。大都市だけではない。地方でも外国人がスーパーで買い物をする姿を見かけたことがあるだろう。実際に外国人は増えている。法務省入国管理局の発表によれば、日本における在留外国人数は2009年には212万人であったが、10年後の2019年には293万人を超えた。これは日本の人口の約２％である。札幌市の人口の1.5倍といったほうがその多さが伝わるかもしれない。北海道の在留外国人は2018年時点で３万6899人にとどまるが、５年間で１万人以上も増加している。国連等の国際機関では居住地以外の国に移動し、12カ月間その国に居住する人を移民と定義することが多い。このような定義に従えば日本は既に移民受入国だということができる。それでは、在留外国人増加の原因は何だろうか。その一つが「技能実習生」という名の労働者の増加である。

2　「サイドドア」からの外国人「非熟練」労働者の受け入れ

　出入国管理及び難民認定法（入管法）は、その者が行おうとする活動に着目して与えられる在留資格（入管法別表１）と、その者の身分や地位に基づいて与えられる在留資格（入管法別表２）に大別される。後者は「永住者」や「日本人の配偶者等」「永住者の配偶者等」「定住者」であり、これらの在留資格を有する者には就労活動の制限はない。一方、前者は「教育」「技術・人文知識・国際業務」「介護」「技能」「興行」というように活動ごとに在留資格が定

まられ、原則として在留資格の範囲でしか就労活動が認められていない。そして、就労を伴う在留資格は「専門的・技術的分野」に限って定められているため、「専門的技術的分野」に属さない「非熟練」労働者は、入管法上、労働者として「フロントドア」から入国する途は閉ざされている。その抜け道として利用されている在留資格の一つが「技能実習」である。

　「技能実習」とは、外国人技能実習制度を利用し、外国人が企業等で働きながら技術を学ぶOJT（On The Job Training）のための在留資格である。この制度は「我が国で開発され培われた技術・技能知識の開発途上国等への移転を図り、当該開発途上国等の経済発展を担う『人づくり』に寄与することを目的」とするものであり、「国際貢献」の一環と位置付けられている。技能実習生は受入企業等と雇用契約を結び、企業等の下で最長5年間、働きながら日本の技術や技能を習得することになる。技能実習は国際貢献を目的とした制度であり、企業の下で働きはするものの、あくまで技術・技能を習得するための制度であって、本来は外国人労働者を受け入れるための制度とは位置付けられていない。

　しかし、この制度は実際には「非熟練」労働力の受入制度として利用されてきた。制度の歴史は古く、1960年代から行われていたといわれている。当時は主に海外に進出した日本企業が、現地社員を呼び寄せて日本企業の技術・技能を習得させ、現地法人で習得した技術を活用するという形で行われていた。1989年の入管法改正の際に、「研修」の在留資格が設けられ、1991年には、これまで研修生の受け入れができなかった中小企業でも、事業協同組合等の団体を通じての受け入れが可能となった。その後、1993年には、1年間の研修を終了した者が引き続き1年間、技能実習を行うことができるようになった。そして、1997年には研修での滞在期間と併せて在留資格が最長3年に延長された。当時は、研修と技能実習は連続性のある制度であったが、研修生は労働者ではないという理由で、研修期間中は最低賃金などの労働関係法規が適用されないこととされていた。しかし、後述するように研修生への労働関係法規違反や人権侵害が問題となり、2010年に在留資格は「技能実習」に事実上一本化され、最長3年の実習期間となった。その後、2017年に「外国人の技能実習の適正な実施及び技能実習生の保護に関する法律」が成立し、実習期間が最長5年に延

長され、優良な受入先の受入可能人数が緩和された。

　このように外国人技能実習制度は受入用件や実習期間等の緩和の一途を辿ってきた。これは日本政府の建前と企業側の需要が生み出した歪_{いびつ}な構造の結果である。日本政府は「専門的・技術的分野」以外の外国人労働者の受け入れに慎重な姿勢を維持し、外国人「非熟練」労働者の正面からの受け入れを認めていない。一方で、企業側は国際競争によるコスト削減の必要性、慢性的な労働力不足のため外国人労働力の需要が高まっていた。それぞれの立場を背景に、政府は「フロントドア」は閉ざしつつ、本来外国人労働力受け入れを目的としない技能実習制度という「サイドドア」を解放することで、労働力不足の声に応えていったのである。

3　全国と北海道の受入実態

　外国人技能実習制度の緩和・拡大の推進に伴い実習生数は増加を続けている。技能実習生数は2014年末には16万7626人であったが、2019年末には41万972人にまで急増している。在留外国人に占める割合の1割を超える。対象職種も拡大を続け、2020年2月25日時点で82職種146作業にも上る。近時では2017年に「介護」が追加されたことが注目された。

　受入人数が最も多い分野は、機械・金属関係（18.7%）、建設（18.3%）、食料品製造（18.1%）、農業（10.1%）、繊維・衣服（8.2%）である（2018年）。また、都道府県別では、愛知県が3万6738人と最も多く、広島、埼玉、茨城、千葉が続く（2018年）。国籍別ではベトナム（50.5%）、中国（23.1%）、フィリピン（9.1%）、インドネシア（8.2%）となっている（外国人技能実習機構「平成30年度業務統計」国籍・地域別　職種別「技能実習計画認定件数（構成比）」。かつて技能実習生は中国人が大部分を占めていたが、近年は減少し、入れ替わるようにベトナム人が急増している。

　北海道は、2018年の年間受入人数は1万32人にとどまっているが、わずか5年の間に2倍近く増加している（2014年の年間受入人数は5413人）。また、国籍の内訳はベトナムが52%、中国が35%とその大半を占めている。また、業種別で

は北海道の基幹産業である水産加工業と農業分野での受入割合が高く、食品製造業が53.3％（そのうち75％が水産加工業）、農業が27.5％と大半を占めている（北海道経済部労働政策局産業人材課「外国人技能実習制度に係る受入状況調査　2019年調査結果報告書」）。このように技能実習生はもはや日本社会に欠かせない労働者であり生産現場の底辺を下支えする存在となっている。

4　「現代の女工哀史」

　技能実習生の労働力が重要性を増す一方で、労働関係法規違反や人権侵害の発生が指摘されてきた。技能実習制度は入管法改正や指針等による対応をしてきたが、長時間労働、最低賃金を下回る賃金といった違法就労やパスポートや通帳の取り上げ、暴力、セクハラ等の人権侵害事件は依然として頻発している。技能実習生の人権問題をいくつか紹介したい。

■ 低賃金・長時間労働

　まず低賃金・長時間労働の問題がある。一般的に技能実習生は最低賃金程度で働いている。本来、技能実習生には「日本人と同等以上」の報酬を支払うことが義務づけられているが、厚生労働省が発表した2019年の賃金構造基本統計調査によれば、技能実習生の1カ月の平均賃金は15万6000円であり、日本人を含めた同年代の労働者（25〜29歳）の賃金24万3900円のおよそ6割にとどまっている。この数字からも実習生が低賃金で働いている実態を窺うことができる。また、悪質な受入企業では、時給300円で月400時間以上もの超長時間労働させたり、外形上最低賃金は支払っているが寮費等を過大に控除することにより、実際には最低賃金以下しか払わなかったりする事案もある。

■ 人権侵害

　携帯電話の所持禁止、無断外出禁止、受入企業の職員以外との会話の禁止、異性との交際、妊娠の禁止等の私生活の制限やパスポートや通帳の取り上げといった日本人労働者では到底考えられないような人権侵害も頻発している。パ

スポートや通帳の取り上げは、2009年に本人の同意がある場合も含め一律禁止されたことにより少なくなったが、かつては広く行われていた。この原因は受入側にだけ責任があるのではない。当時、技能実習制度は法務省等によって設立された財団法人国際研修協力機構（JITCO）によって運営されてきたが、パスポート等は一定の要件の下、受入側が保管することを許容していたのである。また、技能実習生の失踪が多発した場合、受入側の不正行為と評価され、一定期間技能実習の受入禁止等の制裁が課される。政府のこの方針がパスポート等の取り上げの動機になっている。

■ 強制帰国

　強制帰国という問題もある。労働災害や、妊娠、労働組合や行政機関等への相談、有給休暇の取得や未払残業代の請求等の権利行使をした場合に、帰国を強制されるケースが多い。これは受入側が技能実習生を空港まで連行し、送り出し国への帰国を強制するものである。技能実習法により技能実習生を意に反して帰国させることは禁止されているが、受入側にとっては解雇手続きを踏まずに意に沿わない技能実習生を追い出せるため被害は後を絶たない。

　こうした過酷な境遇はかつての紡績工場で働く女工と重ね合わせ「現代の女工哀史」として語られ批判に晒されてきた。実際、技能実習生の違法労働は珍しいことではない。厚生労働省によれば、2018年に監督指導を行った受入企業7334事業場のうち5160事業場（70.4％）に労働時間や安全基準、割増賃金等の労働基準法令違反があると発表した。また、事故や自死、病気で亡くなった技能実習生も少なくない。2017年までの8年間に亡くなった技能実習生は合計174人であり、そのうち12人が自死している。病死の原因は心筋梗塞やくも膜下出血、急性心不全が目立つ。労働環境が原因で亡くなったケースがどの程度含まれているかは明らかでないが、国際貢献の建前の下でこれほどの死亡者が発生している事実は異常というほかない。技能実習制度への批判は日本国内だけではない。アメリカ国務省人身売買監視報告書では2007年から毎年、技能実習制度が取り上げられている。2014年には国連自由権規約委員会でもこの問題が取り上げられ、その人権状況の問題点を指摘される等、国際社会からも強い

批判と改善を求められている。

5　人権侵害の原因

　それでは、なぜ技能実習生の人権侵害が後を絶たないのであろうか。その原因の一つは、技能実習生の経済的負担である。技能実習生は来日するために送り出し機関等に多額の渡航前費用を支払っているが、その費用のために実習生本人や親族が多額の借金を抱えていることが多い。渡航前費用の内訳は不明確なことが多く、日本の受入企業等の接待費用やキックバックなどが上乗せされることにより高額化することもある。渡航前費用は国や地域、送り出し機関によって差があるが、ジャーナリストの巣内尚子氏が、ベトナム人技能実習生から聴き取りをしたところ、渡航費用の平均は約94万4300円であり、渡航費用のための借金は平均76万8300円と報告している。前述のとおり、実習生の収入は最低賃金程度であるため借金の返済に1～2年かかる。技能実習生が借金完済前に声を上げることは容易ではない。また、母国での保証金の預託が経済的な足枷になる事案もある。保障金とは母国の送り出し機関等が高額の金銭を預けさせ、実習期間が満了すれば全額返還するが、失踪した場合等にペナルティとして没収するというものである。ほかにも、母国で違約金契約を結び、失踪した場合や、中には労働組合の加入や行政機関への相談を契約違反として、違約金を請求することがある。技能実習法により保証金や違約金の徴収は禁じられているが、送り出し国側の契約に日本国内の法規制が及ばないこともあり不当な契約は後を絶たない。このような経済的拘束が技能実習生の権利行使や救済を阻害する要因になっている。

　もう一つの原因は、技能実習の制度設計にある。技能実習は最長5年間認められるが、1年毎に在留資格を更新する仕組みになっている。在留資格の更新は受入側が行うため、事実上更新の有無は受入側の裁量に委ねられている。技能実習生の就労は在留資格を前提とするために、雇用契約は不安定である。加えて、技能実習生には原則として職場移転の自由が認められていない。技能実習はOJTを建前とするため、特定の受入企業等で最長5年間技能実習を行う

ことが予定されている。例外的に受入企業等の倒産や不正行為等によって技能
実習が継続できなくなった場合には、職場移転が認められるが、技能実習生が
新たな受入企業等をみつけることは容易ではない。このように実習生に職場移
転の自由がないことによって、実習生に人権侵害や労働関係法規違反があった
場合でも、途中帰国を恐れて、被害申告や権利主張を難しくしている。

　ブローカーの問題もある。技能実習生の採用はハローワークなどの行政機関
が介在せず、全て民・民によって行われている。技能実習生側は日本で働くた
めに送り出し国の民間事業者に渡航前費用を負担しなければならない。一方
で、受入側にとっても自力で技能実習生を採用することは容易ではないため民
間事業者に手数料を支払って採用の支援を求めなければならない。マッチング
の過程に介在するブローカーが増えるほど受入側の手数料が増え、その負担が
技能実習生の賃金に転嫁されることになる。ブローカーの存在が低賃金に繋が
る構造がある以上、マッチングは官・官が行うか、ブローカー規制を設けるべ
きである。また、技能実習生への取り扱いは時に搾取的であり、奴隷的状態に
まで発展している場合もある。このことは日本社会に根付く人種差別とも無縁
ではないだろう。

6　入管政策の転換

　日本政府は、外国から「非熟練」労働者を受け入れないという建前を堅持し
ていたが、日本では急速な少子高齢化社会が進み生産年齢人口が減少する中
で、外国人労働者の重要性は増していた。そして、経済界や人手不足に悩む地
方自治体等の外国人労働者受け入れの声の高まりを受け、これまでの入管政策
の転換を余儀なくされた。

　政府は2018年6月15日に「骨太の方針2018」を閣議決定し、「従来の専門
的・技術的分野における外国人材に限定せず、一定の専門性・技能を有し即戦
力となる外国人材」を対象に、新たな在留資格を創設する方針を示し、外国人
「非熟練」労働者を部分的に受け入れることを表明したのである。そして、
2018年12月に在留資格「特定技能」が新設され、2019年4月から「相当程度の

知識又は経験を必要とする技能」を有する外国人労働者について、介護、建設、造船、宿泊、農業、漁業、外食業など14分野での受け入れが開始された。「特定技能」は１号と２号に分けられている。「特定技能１号」は「相当程度の技能」がある外国人に通算５年の在留を認め、家族帯同は認めらない。特定技能１号が終了し「熟練した技能」を有する場合は「特定技能２号」に移行し、家族帯同は認められ、在留資格の更新も可能とされている。特定技能１号では家族帯同が禁止されることやブローカー規制を設けなかったこと、技能実習制度を廃止しなかったことなど問題はあるが、部分的であっても「フロントドア」から外国人「非熟練」労働者を受け入れたことは入管政策の転換である。

7　技能実習制度の廃止

　日本は既に外国人労働者の存在なしに生産現場は成り立たない。地方では人口減少が進み、労働力不足が深刻化している。そのため外国人労働者の需要は大きく、とくに地方において慢性的な人手不足を外国人が補っている。将来的にも日本は急速な少子高齢化社会が進み人口が減少する中で、外国人労働者の重要性が増していくことは間違いない。こうした情勢を踏まえて政府は部分的に「非熟練」労働者の受け入れを解放したが、「非熟練」労働者の主力は技能実習生である。しかし建前と実態が乖離する技能実習制度による労働力の受け入れには正当性はない。ましてやこの制度が人権侵害の温床になっているなら尚更である。技能実習制度を廃止し、「非熟練」労働者は労働者として正面から認めて受け入れるべきである。

〔参考・引用文献〕
西日本新聞社編、2017、『新　移民時代──外国人労働者と共に生きる社会へ』明石書店
巣内尚子、2019、『奴隷労働──ベトナム人技能実習生の実態』花伝社
宮島喬・鈴木江理子、2019、『新版　外国人労働者受け入れを問う』岩波ブックレット

【小野寺信勝】

第6章　災害を生きる

1　災害と平和

　平和を考えるとき、災害とは、何か、ということから考えたい。

　災害とは、生活の安心と安全を脅かす危機事態、ということができるだろう。もちろん普段の生活でもいろいろな問題はあるし、困難にも出くわす。だから、決して普段から安心で安全な生活を送っているわけではない。しかし、それでも普段は多くの場合、なんとか切り抜けて生活することができている。災害は、そうした通常の対処法では乗り切れないような、生存と生活の根幹を脅かす困難な事態である。災害によって命を失う。大切な人やものを失う。生活を失い、街や地域を失う。災害とは、大切なものを失い、通常の対処方法では乗り越えることが困難な危機事態であると定義したい。そうすると、多少の困難があっても災害のない生活、それが平和だということになる。

　ただ、災害にも種類があり、大きくは自然災害と人為災害に分けられる。

　自然災害には、大地にかかわる噴火や地震があり、それに伴う津波災害がある。台風や大風、竜巻、洪水といった風水害、逆に日照り干ばつもあり、暴風雪や大雪、虫害もある。人為災害には、事件、事故、戦争・紛争、虐待がある。虐待は、ごく個人的なことであるようにみえるが、当事者にとっては命を失いかねない対処困難な危機事態である。さらに疫病もある。災害といっても様々である。日本全体が地質学的にみて、幾つかのプレートの 間 <ruby>に<rt>はざま</rt></ruby>位置しており、火山帯と地震帯に沿って日本列島があるということができる。

　それゆえ北海道にも多くの火山があり、噴火や地震を引き起こす活断層が広く分布している。本章では、近年北海道を襲った噴火災害と地震災害として2000年有珠山<rt>うすざん</rt>噴火災害と2018年胆振<rt>いぶり</rt>東部地震を取り上げ、災害やその後の支援

活動からみえてきた、災害が人々に与える影響について述べる。さらには、2020年に世界的感染拡大が起きた新型コロナウイルスの影響を取り上げる。これら3つの災害から、災害を生き抜く手立てを考え、平和を作る条件について考えてみたい。

2　北海道の災害——有珠山噴火・胆振東部地震・新型コロナウイルス

■ 2000年有珠山噴火災害

　有珠山は、周期的に噴火するという点で世界的にも珍しい火山だといわれている。2000年3月末から4月にかけて噴火する前は、1977年、1944年、1910年と30年ほどの周期で噴火している。しかし、その前は1853年、1822年、1769年、1663年とそれほど一定しているわけでもない。

　ただ、2000年有珠山噴火の場合は、火山性微動が捉えられ、噴火の前から地域住民の避難が開始された。これにより噴火による死傷者はいなかった。一方、地域住民は避難を余儀なくされ、最大避難者は1万6000名となった。避難所が室蘭市や長万部町まで広がったが、仮設住宅が建設され、徐々に避難指示は解除されていった。2000年7月28日には一部地域を除いて全面解除され、8月27日には最後の避難所も閉じられた。噴火予知連は2001年5月28日にマグマ活動が終息したと発表したが、仮設住宅が閉じられたのは、2002年7月であり、2年半も避難生活を余儀なくされた住民がいたのである。

■ 避難所生活と支援活動

　2000年当時、筆者は、伊達市に在住する伊達赤十字病院の職員であった。住民として、また赤十字社の職員として、町や避難所の様子の移り変わりをつぶさにみることとなった。

　噴火前から街には自衛隊が派遣され、物々しい雰囲気に包まれた。避難所となった施設は、体育館や公民館などである。老若男女が雑魚寝。飲食、トイレ、風呂、洗濯など基本的な生活条件が整っておらず、人々は避難したその日から困ることになったのである。いびきがひどい、子どもが泣くからと周囲に

56

遠慮して車中で過ごしたり、トイレが近くなるからと水や食べ物を控えたりする人も出てくる。

　避難所ごとに設備や利便性に違いがある。すでに普及していた携帯電話によって避難者の間でそのことが知られ、避難所への不満は、行政への訴えとなり、担当する行政者は対応に苦慮することとなった。ある避難所では、洗濯機が足りず、担当職員がなんとか洗濯機を発注したが、その後洗濯機不足をマスコミが報じると全国から洗濯機が贈られ、余るようになった。すると、今度は発注が無駄だったと担当職員が責められ辛い思いをするということが起きたりした。[1]避難所のニーズは刻々と変わっていき、準備をしている間に、状況が一変し、無駄な努力になっていくのである。

　避難指示が徐々に解除され、人々は帰宅し、または応急仮設住宅へ転居するようになって「やっとパジャマを着て寝られる」と喜ぶ声を聞かれるようになった。一方で、帰る見通しもなく「取り残され感」に苛まれる人も出てきた。通院できず持病を悪化させ、あるいは介護サービスが途絶えて介護負担がのしかかる人もいた。

　死傷者のいない稀有な噴火災害として2000年有珠山噴火は語られるが、家や仕事が奪われ、家屋や畑に被害を受けた住民もいたのである。つまり、噴火は住民にも行政職員にも、困難を強いるものとなった。

■ 有珠山噴火の中長期的影響

　噴火による死傷者はいなかったが、社会基盤の損害と、家屋や建物の被害、暮らしへの影響があった。そうした噴火の体験は人々にどのような影響をもたらすのか。1995年の阪神淡路大震災の10年後に心療内科で行われた調査では、被害の大きかった人は10年経っても40％近くが今の病気はあの震災のせいだと考えていた。この調査をもとに有珠山噴火後の2010年に同様の調査を実施した。その結果、今の病気の原因を噴火に求めた外来患者は、全体の４％であった。しかし、避難経験や被害がある患者ではその割合は増え、家屋の全半壊という大きな被害があった人では36％の外来患者が今の病気は噴火のせいだと答えたのである。

　また災害被害だけでなく、災害に伴って避難所生活をした人が、被害の有無を問わず今の病気は噴火のせいだと捉える傾向にあった。避難所生活は健康にとって負の要因になるのである。

　災害当時には様々な支援活動も行われている。10年後の調査でありがたかった支援として述べられていたのは、物資や経済的支援と同じくらいに人々の温かさやご近所の助け、であった。

■ 平成30（2018）年胆振東部地震

　2018年 9 月 6 日に M6.7の地震が胆振東部で発生し、震源地では初めて最大震度 7 が記録された。厚真町で大規模な土砂崩れが起きた。また、北海道電力苫東厚真火力発電所が停止したことで、北海道全体の全電源喪失（ブラックアウト）が生じ、復旧までに50時間を要した。

　地震の前日の 9 月 5 日は、台風21号が北海道で猛威をふるい、降雨によって地盤の緩みが起きていた。これが斜面崩落の程度を大きくした可能性がある。また、震源から遠い札幌の住宅地にも被害が及んだ。もともと揺れやすい地盤であったことや震源近くにある活断層との関係も推定されている。また、5 カ月ほど経過した2019年 2 月21日に M5.8で最大震度 6 弱の余震が起きた。

■ 胆振東部地震の体験

　筆者は2018年 9 月 6 日の未明、震源近くの農家にいた。それは室蘭工業大学の授業に「社会体験実習」という学生が農家に寄宿する実習科目があり、その年は 9 月 6 日が最終日であった。前日に農家の方たちと過ごし、居間にみんなで寝ていた。夜中大きな揺れが起き、すぐに目が覚めて、じっと布団の中で家がきしみ終わるのを待った。揺れが収まってからスマホが一斉に鳴り、農家の主が被害を確認するのに外に出ていった。それについて行くと、満天の星空であった。レンガ造りの煙突が折れて落ちていたが、それ以外に大きな被害が認められず、暗くてわからない、ということで、もう一度寝て朝を待った。

　明るくなって被害を確認すると、煙突以外にも家屋の被害が認められた。自家発電のない酪農家は停電のため搾乳ができず、乳牛の乳房炎が心配された。

農家への挨拶もそこそこに学生たちと大学に公用車で戻ったが、そのときすでに多くの学生が大学に集まっていた。携帯の充電のため非常用電源を求めていたのである。コンビニは開いていたが冷凍食品や冷蔵品は売られていなかった。開催中の夏期集中講義は中止された。JRやバスの運行が止まったため、集中講義担当の非常勤の先生たちは帰れず、食料確保にも困った。

　ガソリンも限定販売となったため、ガソリンスタンド前には車が並んでいた。信号機も止まり、警官が交通整理をせざるを得なくなった。地震による直接の被害は、地域限定であったが、電源喪失による被害は北海道全域に及んだ。

■ 胆振東部地震による心身への影響

　災害は人の心身の状態に影響を与える。これまで、地震などの災害によって、過覚醒、麻痺・回避、侵入・再体験、解離などのトラウマ症状に加えて抑うつや自分が悪かったなどの辛い考えが沸き起こることが知られてきた。そして直後にはそれはむしろ正常反応で、地域や生活が復興復旧するに従って、多くは自然的に回復してくるのである。

　ここでは、1週間後、1カ月後、3カ月後に継時的に実施された被災地の高校で実施されたストレスチェックリストの結果をみる（図6-1）。

　縦軸はストレス度を示し、100が最高点である。これによると地震直後には、「眠れない」「中途覚醒」などストレスが睡眠に現れ、「身体不調」「イライラ」の程度が高い。1カ月経過するといずれもストレス尺度の低下がみられるが、「イライラ」は下がらない。注目したいのは、翌年2月21日に大きな余震（M5.8）があった後の3月12日に行った結果である。本震直後よりも、5カ月後の余震後の方が全体にストレス度が上がっており、「イライラ」と「身体不調感」は本震直後よりも大きくなっている。

　2016年の熊本地震では、初めの地震より次の地震の方が大きな地震であった。このとき人々は1回目よりも2回目の方が恐怖を感じ、この先また大きな地震が来るのではないかと不安を強めた。今回の余震の規模は本震よりも小さかったが、2度目は1度目よりも心身に大きな影響を与えたと考えられる。

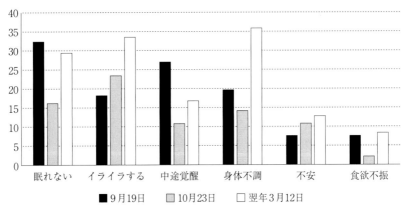

図6-1　高校生ストレス尺度

出所：筆者作成

　高校生の場合、震源地から離れたところから通ってくる生徒が半数以上いるため、揺れを経験しても直接的被害はなかったはずである。しかし、心身への影響が端的に表れている。このことからも災害は直接的な被害だけでなく、人々の心身に大きな影響を与えることがわかる。

■ 新型コロナウイルス

　中国武漢で最初に報告された新型コロナウイルスは日本では、2020年になって感染者が認められ、北海道は全国に先駆けた感染拡大地となった。

　コロナウイルスによる感染は近年では、中国の広東省で最初に報告された2002年のSARS（重症急性呼吸器症候群）があり、2012年にサウジアラビアで最初に報告されたMERS（中東呼吸器症候群）がある。しかし、これほどの世界規模の感染は、1918年のスペイン風邪以来だといわれている。

　北海道は全国に先がけて緊急事態宣言を行い、その後も感染者が拡大して大きく影響を受けた。

図 6 - 2　北海道感染者数推移と緊急事態宣言（2020年 1 月〜 5 月）

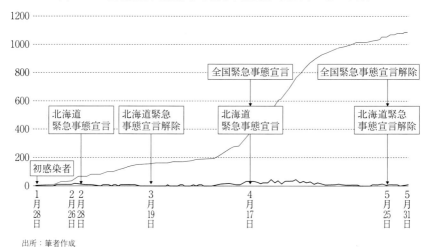

出所：筆者作成

■ 新型コロナウイルスがもたらした諸現象

　ウイルスに感染しないためには、消毒と衛生を保つことが必須として、アルコールや次亜塩素酸ナトリウムによる消毒、手洗い、マスクを着用することが推奨されるようになった。これにより北海道でもマスクや消毒液の買占めと品不足が起き、値段も高騰した。密閉・密集・密接の三密を避ける、ということで食品店や病院など最低限生活に必要な施設以外は閉鎖となり、屋外でも 2 m以上他人との社会的距離をとるのが良いとされた。

　今回の新型ウイルスは感染しても症状が出ない場合があり、こうした無症状の感染者こそがウイルスを拡散させるとして、緊急事態宣言下では不要不急の外出の自粛が求められ、学校は休校、会社も可能な限りテレワークが推奨されたため人々は自宅や自室にこもることになった。その結果、大規模な集会や人が集まるような行事、会合、会議がなくなり、人々の往来が止まった。しかし、どこで感染するか、誰が感染しているかわからず不信と不安が拭えない。自粛に反する行動に批判が強まり、バッシングが行われ、「自粛警察」なる言葉が生まれた。感染への恐れは感染者や感染者の家族、治療に当たる医療者へ

の排除と差別を生んだ。

■ 災害からみる新型コロナウイルス

　一般に災害は、人命の危機であり、同時に地域や家屋、財産の喪失をもたらす。そういう点で災害は喪失を伴う危機事態といえる。しかし、感染症である新型ウイルスは、人命の危機をもたらすが、一見するとそれ以外の変化は与えず、街そのものに被害はない。しかし、感染拡大を防ぐために、消毒や衛生管理とともに社会的距離を保ち、三密の回避と外出の自粛が強く求められる。それにより、孤立と社会的機能の麻痺がもたらされる。すなわち街の建物や家や公共機関などの外形的な社会基盤は保全されていても、人々の暮らしや社会の実質を奪うのである。

　新型コロナウイルスは、生命の危機であると同時に社会機能の危機をもたらす災害だという見方ができる。

3　災害とともに生きる

　これらの災害の事実から何を学ぶべきであろうか。

■ 避難所生活

　有珠山噴火はまた来る。いつどの箇所から噴火するかはわからないが、噴火したら避難して、噴火が収まるまで待つしかない。ハザードマップの作成と、それに基づくまちづくりが重要である。

　そして重要なことは暮らしやすい避難所作りである。2000年有珠山噴火の10年後調査によれば、被害の有無だけでなく、避難所の暮らしは健康にとって負の要因となる。避難所に数日滞在するだけで疲労する。数カ月も滞在するためにはその避難所の環境を暮らしやすいものに整えることが不可欠である。

　ただ、現実的には、いつ避難所として使用するかわからない巨大施設をその日のためだけに作ってはおけない。一つのアイディアは普段は公共施設として使用し、いざとなったら避難所として十分な設備を有するような施設を作って

おくことである。伊達市の総合体育館はこの目的で建てられている。有珠山周辺だけでなく、そのような施設を北海道の各地に作ることは、いざというときのために有用と考えられる。

■ こころの健康教育

　胆振東部地震では、震源地から離れて暮らす高校生も大きく心身に影響を受けていた。また余震は心身の不調を強めている。こうしたときにどのようにして、心身の不調を回復させ、日々の暮らしを支えていけばいいのだろうか。

　災害による心身の不調に対しては、心理教育やストレスマネジメントが有効である。心理教育とは、災害などの後に起こる心身の変化をあらかじめ知り、それらに対処する方法を学ぶことである。例えば「不眠」や「イライラ」には、呼吸法や筋弛緩法が有効である。またお互いに支えあい、労り合うことも助けになり、それには幾つもの方法がある。

　そのような知識と方法を総合的に学ぶことは、いわばこころの健康教育ということができる。そのような教育が学校教育の中で当たり前に行われるようになれば、災害後に受ける心身のダメージを軽減することができるようになると思われる。

■ 孤立を避け、心構えをもつ

　新型コロナウイルスは目に見えず、誰が感染しているかがわからない。そのためいつでもどこでも消毒と接触回避など感染への警戒が求められる。しかし、それだけではストレスを高め、孤立無援感が深まるだけである。

　ウイルスが可視化できたらウイルスは避けられるが、たとえ可視化してもそれだけではウイルスに打ち勝つことはできない。根本解決は治療薬かワクチンの開発だが、それがいつできるかわからない。すると、それまでは誰しもウイルスに丸腰であるため、感染は必ず広がることになる。消毒や接触回避というのは感染速度を遅らせることが目的なのである。社会機能の回復のために外出制限や移動制限を解くが、一方で感染拡大を嘆くだけでは「行動拡大を、しかし、感染するな」という矛盾したメッセージに人々は出くわすことになる。そ

のため必要とされるのが「行動を拡大して、もし感染したら、こうしよう」という行動指針である。この行動指針を社会が用意すれば、個人は消毒や移動などの自粛を行いながら、いつかは自分も感染するという覚悟を持って備え、怯えから感染者を差別したりしないようになるはずである。そしてこの安心感や連帯の意識が免疫力の向上にもつながり、やがては人類がウイルスに打ち勝つことにつながるのではないだろうか。

　北海道には噴火、地震、感染症以外にも、風水害や竜巻被害があり、暴風雪、雪害、もある。これら一つひとつの経験から学び、適切な社会基盤の整備と教育体制、個々人の心構えを作ること、それが北海道の平和の条件だと考えられる。

　　1)　有珠山噴火の避難所活動に当たった職員からの聞き取りによる。

〔参考・引用文献〕

北海道、2003、「2000年有珠山噴火災害・復興記録」
村上典子他、2007、「心身医学的観点から見た阪神淡路大震災被災住民の健康問題」『日本集団災害学会誌』Vol.12、No.2、189-195頁
Maeda, Jun, 2011, "The Influence after 10years Mt.Usu Eruption in 2000," *Joint Seminar on Environmental Science and Disaster Mitigation Research.*
内閣府、2019、「平成30年北海道胆振東部地震に係る被害状況等について」
前田潤、2020、「北海道胆振東部地震による児童生徒への継時的心身影響調査」『室蘭工業大学紀要』69号、41-46頁

【前田潤】

第7章 安保法制・新防衛大綱の下で進む 演習場化と北海道の未来

1 日常的光景の中にある自衛隊

　北海道の特徴の一つは、日本で最も自衛隊の関連施設（演習場、駐屯地・基地等）が集中していることにある。具体的な数値で示すと、全国の関連施設の42％（約460㎢）を占める。北海道の面積は、約8万3400㎢と広大であるため、自衛隊の関連施設が占める割合は数値としてはとても低い。それでも道内を移動すると、陸上自衛隊の駐屯地、演習場、自衛官の家族用の官舎、迷彩色の制服を着た自衛官が運転する車両等を頻繁に目にする。また、自衛隊関連施設がある市町村で、自衛隊を高らかに歓迎する看板を見かけることもある。

　筆者は2011年9月末から室蘭市に住んでいるが、この間に数多くの北海道出身者と話をする機会を得た。会話を通して気がついたのは、家族や親戚の中に自衛官や元自衛官がいる人が多いということであった。また、北海道出身者が6割の勤務大学の学生が、親、きょうだい・親戚が現役の自衛官または元自衛官だと話すことも少なくない。本州に暮らしているときにはこういう経験をしたことがなかった。そのため、正直なところ大きな驚きを覚えた。

写真7-1　足寄町にある看板

撮影：清末愛砂

2 道内の自衛隊

　現在、北海道内には陸上自衛隊としては、北部方面隊の2師団（第2と第7

師団）・２旅団（第５旅団と第11旅団）と北部方面隊の直轄部隊（50部隊）が配備されている。駐屯地・分屯地の数は全域で38カ所にも及ぶ。航空自衛隊に関しては、千歳基地をはじめとする９カ所の基地と分屯基地が、海上自衛隊に関しては、２カ所の基地隊と防備隊がある。また、「北海道大演習場」（札幌市、北広島市、恵庭市、千歳市に広がる演習場）や矢臼別演習場（野付郡別海町および厚岸郡厚岸町・浜中町に広がる日本最大の演習場）といった陸上自衛隊の大規模な演習場がある。演習場では定期的に射撃訓練や交戦訓練、爆破訓練等が行われている。札幌滞在時、夜遅くに北海道大演習場から重く響く演習音を耳にしたことがある。それは、実際の交戦時の音と似ていた。長年、海外の紛争の現場で非暴力運動や難民の支援活動にかかわってきた筆者の身体に滲みついて消えない音であった。ずっと聴き続けている住民の多くは、「いちいち気にしていたら生活できない」と言い聞かせながらやり過ごしているのだろう。そのうちに、そういう状況で暮らすことに慣らされていくのだろう。

　これだけの数の自衛隊関連施設が配備されているということは、自衛官本人のみならず、その家族が周辺地域に多数住んでいることを意味する。例えば、「自衛隊の町」として知られる千歳市は、住民の３分の１近くを自衛官とその家族（退職者とその家族を含む）が占めている。自衛官やその家族は、コミュニティ内で自衛隊がスムーズに受け入れられるようにするために、町内会の活動等に積極的に参加してきた。その効果もあり、同市では自衛隊を批判するのを憚る雰囲気ができあがっている。それは他の「自衛隊の町」（例えば、遠軽町や足寄町等）でも同様であろう。

　ところで、近年では南西諸島で自衛隊の配備が急速な勢いで進められている。すでに与那国島や宮古島（以上、沖縄県）、奄美大島（鹿児島県）では、陸上自衛隊の駐屯地等がつくられ、警備部隊やミサイル部隊、沿岸監視隊等が配置されている。こうした現状を背景に、メディアや平和運動関係者の自衛隊をめぐる関心は、米軍基地が多数存在する沖縄に向けられている。しかし、実際には南西諸島での自衛隊配備と同時進行の形で、以前に増して北海道を自衛隊の演習場として強く位置づける動きが進んでいる。

3　安保法制・18大綱と北海道

■ 安保法制と自衛隊

　2015年 9 月19日、一連の安全保障関連法（自衛隊法、武力攻撃事態法、周辺事態法等の既存の10本の法律の改正と新法の国際平和支援法の制定からなる。以後「安保法制」という。）が、強行採決により成立した。全国展開された大きな反対運動を無視するものであった。安保法制の内容の核は、①「存立危機事態」に対して集団的自衛権を行使すること、②「重要影響事態」に対して、自衛隊が「現に戦闘行為が行われている現場」（重要事態影響法第 2 条第 3 項）以外の場所で米軍等の外国軍に後方支援を行うことである。その場所とは日本の周辺部か否か等の地域の限定はなされない。「現に戦闘行為が行われていない」という表現からは、戦闘行為がリアルに行われていなければ戦闘地であっても後方支援ができると読み取れる。しかし、筆者の経験上、戦闘地は瞬時に戦闘行為が行われる場所に変わる。したがって、この表現自体が現実に即していない。

　なお、「存立危機事態」とは、「我が国と密接な関係にある他国に対する武力攻撃が発生し、これにより我が国の存立が脅かされ、国民の生命、自由及び幸福追求の権利が根底から覆される明白な危険がある事態」（武力攻撃事態法第 2 条 4 号）をいう。また、重要影響事態とは、「そのまま放置すれば我が国に対する直接の武力攻撃に至るおそれのある事態等我が国の平和及び安全に重要な影響を与える事態」（重要影響事態法第 1 条。安保法制の成立により周辺事態法が重要影響事態法に改称）をいう。

　2014年 7 月 1 日の緊急閣議決定（「国の存立を全うし、国民を守るための切れ目のない安全保障法制の整備について」）以前の政府見解においては、集団的自衛権の行使は認められていなかった。それは戦争・武力による威嚇・武力行使の放棄、戦力の不保持、交戦権の否認を規定する憲法第 9 条が存在する以上、日本の安全保障は自国が攻撃されたときのみに必要最小限の防衛力を行使すること、すなわち「専守防衛」に徹することが前提となってきたからである。安保法制以前の自衛隊に備わっていた兵器が、非攻撃型の兵器であったのも専守防

衛ゆえである。攻撃型兵器を用いて海外で武力を行使することを前提としていなかったのである。

　それを大きく変えたのが安保法制であった。存立危機事態への対応策として、自衛隊が集団的自衛権の名の下で武力行使を目的に海外へ出動することができるようになった（自衛隊法第76条第1項2号）。当然ながら、その状況に合わせて自衛隊の装備が攻撃型に変容し、演習が海外での実戦を想定したものに変わることは必然であった。なお、安保法制上は海外での武力行使が可能になったとはいえ、日本の最高法規（憲法第98条第1項）である憲法に9条が規定されている以上、①安保法制自体が明白な違憲立法であり、そうであるからこそ、②その違憲法制の下での武力行使を目的とする自衛隊の海外出動は認められないと解する憲法研究者は、筆者を含め多数いる。

■ 不安材料としての安保法制と北海道

　安保法制の影響は、自衛隊の装備や演習だけでなく、自衛官にも及ぶ。安保法制以前は、海外での戦闘への参加自体が自衛官にとっても、自衛官の家族にとっても想定外であったはずである。それが、安保法制により180度変わった。海外での戦闘で死傷するかもしれない状況は自衛官のみならず、その家族をも強い不安に陥れていることは容易に想像できる。

　現役の自衛官やその家族・親戚が多数住む北海道には、そういう不条理な思いを抱いている者が他の都道府県よりも多くいるだろう。安保法制案が国会で審議されている最中に、自衛官の親をもつ勤務大学の学生が定期試験で「自分の親は人を殺すのか、自分の親は殺されるのか、うちの家の生存権はどうなるんだ」と悲痛な思いを書いていた。居ても立っても居られない心境であったのだろう。自衛官の親きょうだいをもつ生徒や学生を教える機会がある筆者のような北海道の教育関係者もまた、生徒や学生のメンタルな部分も含めた学業生活への負の影響を案じずにはいられない。

■ 18大綱が求める北海道のさらなる演習場化

　2018年12月18日、新たな防衛大綱（以下、「18大綱」という。）が国家安全保障

会議および閣議決定を通して策定された。最初の防衛大綱は1976年に策定され、18大綱が 6 回目のものとなった。前回（13大綱）までと大きく違う点は、例えば、事実上、F35B 戦闘機を意味する「短距離離陸・垂直着陸（STOVL）機」を搭載するための空母の保有というような、専守防衛から外れていると思われる内容が盛り込まれたことにある。安保法制との整合性を図るためである。

　北海道の文脈からは、次の 2 点が言及されている。まず、陸上自衛隊に関して「良好な訓練環境を踏まえ、統合輸送能力により迅速に展開・移動させることを前提として、高い練度を維持した機動運用を基本とする作戦基本部隊の半数を北海道に保持する」ことが盛り込まれた。作戦機動部隊の半数とは、現状維持の意味である。次に、防衛力の維持という観点から、「より実践的に訓練を行うため、北海道を始めとした国内の演習場等や国外の良好な訓練環境の整備・活用に加え、米軍施設・区域の共同使用、自衛隊施設や米軍施設・区域以外の場所の利用等を促進する」が盛り込まれた。

　わかりやすく言い換えると、①道外（特に南西諸島を念頭に置いているのだろう）での活躍を目的に、すでに配備されている陸上自衛隊の訓練を道内の演習場を利用してさらに進める、②道内の演習場や米軍と自衛隊との共同使用施設だけでなく、広い北海道の大地を別途利用して、安保法制下の任務を遂行できるように訓練等を実施する、ということになろう。

　千歳市では以前から、北海道大演習場に向けて戦車の公道走行訓練が継続的に行われている。苫小牧西港から東千歳駐屯地に向けて、また釧路駐屯地から釧路港に向けての戦車の公道走行訓練も行われている。自衛隊と米軍の共同使用施設以外の場所というのは、公道等の市民生活に密接にかかわる場所を含む。18大綱の下で、北海道全域での自衛隊の演習場化が進めば進むほど、市民の日常空間における軍事の存在感がますます大きくなっていくだろう。

4　オスプレイが参加する日米共同訓練の拡大化と北海道の未来

　北海道では安保法制施行後の2017年 8 月に初めて、「ノーザンヴァイパー」と呼ばれる日米共同の実動訓練（陸上自衛隊と米海兵隊）が北海道大演習場等で

実施された。その際、常々危険性が指摘されている輸送機のオスプレイが参加した。2018年9月に予定されていた2回目は、胆振東部地震により中止になったものの、2020年1月から2月にかけて再びオスプレイの投入を含むノーザンヴァイパーが北海道大演習場等で実施され、日米双方あわせて過去最大の4100人の参加者があった（『北海道新聞』2020年1月27日朝刊）。1月は積雪量が多い真冬の真っただ中であるが、沖縄駐留の米海兵隊が日常とは異なる環境で訓練をするために、米軍側があえてこの時期を要望したという（同上）。

　最近ではノーザンヴァイパー時に限らず、住民への事前通知なしに米軍のオスプレイが北海道へ飛来するようになった。この状況が続けば、沖縄のように事前通知なしの飛来の常態化が生じかねない。墜落事故等による巻き添えの危険性やそこから生じる恐怖心を考えると、現段階ですでに憲法前文が謳う平和的生存権が脅かされる方向に動いているといっても過言ではない。戦時を生みだす土壌は平時の営みからつくられる。北海道での自衛隊の演習場化の促進と日米共同訓練の強化は、道民を無意識のうちに戦時に向かわせる土壌を潤す肥やしになるのではないだろうか。

〔読んでみよう／行ってみよう／調べてみよう〕
　末延隆成・飯島滋明・清末愛砂編著、2018、『自衛隊の存在をどう受け止めるか——元陸上自衛官の思いから憲法を考える』現代人文社：元陸上自衛官の末延隆成氏が、「鹿追駐屯地」（北海道）を含む自衛隊の駐屯地や演習等での経験に基づいて、安保法制や自衛隊について語った貴重な証言。

〔参考・引用文献〕
山内敏弘、2020、『安倍改憲論のねらいと問題点』日本評論社
防衛省、2020、『日本の防衛——防衛白書〈令和2年版〉』
清末愛砂、2019、「24条の平和主義と北海道——非軍事・非武装・非暴力のゆくえ」憲法ネット103編『安倍改憲・壊憲総批判　憲法研究者は訴える』八月書館
半田滋、2019、『安保法制下で進む！先制攻撃できる自衛隊』あけび書房
「平成31年度以降に係る防衛計画の大綱について」
　　https://www.mod.go.jp/j/approach/agenda/guideline/2019/pdf/20181218.pdf

【清末愛砂】

第8章　北海道と自衛隊PKO

1　北海道から海外PKOへ

　アフリカのスーダンから分離独立し、2011年に新国家となった南スーダン。そこから直線距離で1万1000km以上離れた北海道。気候も文化も大きく違う南スーダンと北海道は2012年以降、大きなつながりをもつことになった。陸上自衛隊が2017年まで南スーダンで国連平和維持活動（PKO）を担い、主力が北海道の北部方面隊だったからだ。この派遣がとりわけ注目を集めたのは、5年間の派遣期間中に、南スーダンが内戦状態に陥り、PKO参加5原則を大きく揺るがす事態になったからだ。1992年のPKO協力法成立から、北海道の陸自部隊は多くのPKOに参加。道内からの派遣隊員数は延べ3300人に上り、陸自全体の3割近くを占める。この四半世紀、紛争の形態は国家間から内戦に外国勢力の介入を伴う複合型へと変わった。PKOも、停戦監視や復興支援から、治安維持や文民保護へと重心が移り、危険度が増している。北海道で自衛隊員として働くことは、命の危険を伴うPKOに参加する可能性があることを意味する。

2　アフリカで国際貢献

■ 南スーダンで任務開始

　北海道新聞のカイロ駐在記者だった2012年2月、南スーダンを訪れた。目

図8-1　周辺地図

出所：北海道新聞

写真 8-1　南スーダンの首都ジュバで幹線道路の補修作業を行う自衛隊員＝2015 年 7 月24日

出所：北海道新聞

的は、まさに本格化しようとしていた陸上自衛隊の PKO の取材だった。

「カンボジアでの PKO の参加経験を生かし、南スーダンの発展のために頑張ります」。1 次隊約120人の一員として首都ジュバの空港に降り立った第11旅団（札幌）の男性 1 尉は胸を張った。先遣隊として 1 カ月早く現地入りしていた第12施設群（岩見沢）の男性 3 佐は「記憶にも形にも残るしっかりとした仕事をしたい」と力強く語った。遠い日本から来た自衛隊員たちは規律正しく、アフリカでの任務に緊張しているようにもみえた。

　ここでスーダン、南スーダンの歴史を簡単に振り返ってみよう。1899年、英国とエジプトがスーダンの共同統治を始める。欧州列強がアフリカや中東で人為的に引いた国境線は直線的で、地域の実情にそぐわないケースが多いが、スーダンも例外ではない。スーダンの北部はアラブ系イスラーム教徒、南部は黒人系キリスト教徒などが主体で、1955年には南部が独自政府の樹立を求め第 1 次南北内戦が始まった。スーダンは1956年に独立国家となったが、国の開発は首都ハルツームがある北部中心に進んだ。宗教、文化の違いに経済格差も加わり、1983年に第 2 次南北内戦が勃発。2005年の和平合意まで22年間続いた内戦は、激戦地となった南部を荒廃させ、多くが隣国へ逃れ難民となった。和平合意から 6 年後の2011年 1 月、南部独立を問う国民投票が行われ、圧倒的多数で独立が決まり、同年 7 月に南スーダンが誕生した。南スーダンの面積は64万㎢で日本の約1.7倍。人口は北海道の 2 倍以上の1258万人（2017外務省調べ）となっている。

■ 内戦の深い傷跡

南スーダンを初めて訪れた時の第一印象は「未開の地」だった。ジュバ最大という総合病院を訪ねると、病室に入り切れない入院患者が廊下にあふれ、そこで寝起きしていた。レントゲン機材は壊れ、衛生状態も悪かった。

インフラ整備は大きな課題だった。舗装道路はジュバの中心部に少しあるだけで、大半は赤土のでこぼこ道。雨期にはぬかるんで通行できなくなる道も多い。ジュバで泊まったホテルはコンテナを改良した簡素な造りで、ナイル川からくみ上げたシャワーの水は茶色に濁り、停電は日常茶飯事だった。

インフラを整備するため2012年2月、自衛隊によるPKOが本格化した。まずは自分たちが寝泊まりするプレハブの宿営地を整え、5月には第11旅団（札幌）主力の2次隊330人が、道路・排水溝や河川港などの整備を始めた。

3　揺らぐPKO参加5原則

■ 大統領派と前副大統領派が衝突

2013年12月15日夜、ジュバ。解任されたマシャール前副大統領派が、クーデター未遂事件を起こし、キール大統領率いる政府軍との戦闘（実情に即して「戦闘」と表記する）に発展した。キール大統領は、50以上ある民族の中で最大のディンカ族。一方のマシャール前副大統領は、2番目に大きいヌエル族。対立の発端は石油資源などの利権争いとの見方が強い。戦闘は全国へ広がり、半年で死者は1万人を超え、110万人以上が国内避難民になったとされる。

戦闘発生から半年間ほど、自衛隊はジュバ市街地での道路整備を中断し、国連拠点での避難民に対する給水・医療支援に活動を限定した。日本では野党などから「派遣はPKO参加5原則に反する」との声が上がった。

ここでPKOが始まった経緯や参加5原則について説明したい。きっかけは1991年の湾岸戦争だった。日本は海外での武力行使を禁じた憲法9条の制約から、米国中心の多国籍軍に自衛隊を派遣しなかった。総額130億ドルに及ぶ財政支援を行ったものの、欧米からは「小切手外交」と批判された。

これを受け日本政府は1992年、PKO協力法案を提出。自民、公明などの賛

成多数で成立した。

　PKO 協力法には参加 5 原則が明記された。①紛争当事者間の停戦合意②紛争当事者による日本の参加同意③中立的立場の厳守④以上のいずれかが満たされなくなった場合の即時撤退⑤武器使用は要員の生命保護など必要最小限が基本—の 5 項目からなる。

■ 治安は悪化、部隊は撤収

　PKO 協力法の下、自衛隊はこれまでカンボジア、中東ゴラン高原、東ティモール、モザンビークなどに派遣され、停戦監視、インフラ整備、物資輸送などを担った。その四半世紀を超える歴史の中で、とりわけ参加 5 原則が揺らいだのが南スーダン派遣である。2013年の戦闘発生時、日本政府は「武力紛争に当たらない」と説明したが、室蘭工業大学の清末愛砂准教授（憲法学）は「現地は停戦合意が成立しているとはいえず、派遣は問題がある」と指摘している。

　2016年 7 月には、大統領派と前副大統領派の大規模な戦闘が再燃した。270人以上が死亡し、約 6 万人が隣国に逃れ難民になった。当時、陸自第 7 師団（千歳）主力の10次隊約350人が派遣されており、その宿営地に隣接するビルでも銃撃戦が起こった。それでも菅義偉官房長官（当時）は記者会見で「武力紛争が発生したとは考えていない」と述べ、参加 5 原則には反していないという立場を崩さなかった。しかし、この戦闘をきっかけに参加 5 原則の形骸化が指摘され、野党などから南スーダンからの撤収論が強まっていく。

　PKO の任務が危険度を増す中、2015年に成立した安全保障関連法は、PKO などでの武器使用基準を緩和し、正当防衛だけでなく、暴徒を排除するための「警告射撃」を認めた。離れた場所で襲撃された国連や非政府組織（NGO）の職員を武器で守る「駆け付け警護」、他国軍と連携しての「宿営地の共同防御」も可能となった。要するに、武力行使を伴う、より危険な任務を想定して、それに対応できる法律を整えた。2016年11月に南スーダンに派遣された陸自第 9 師団（青森）主力の11次隊にその新任務が付与されたが、運用されることなく2017年 5 月に派遣部隊は司令部要員だけ残して撤収した。撤収の理由について安倍晋三首相（当時）は「一定の区切りがついた」と説明したが、治安が悪化

し、「不測の事態」を懸念したのは間違いない。

4　現場で何が起こっていたのか

　2016年7月に南スーダンで戦闘が再燃した際、第7師団（千歳）主力の10次隊が緊迫した状況に直面していたことが、後に明らかになっていった。

　2018年4月23日の北海道新聞朝刊1面に掲載された、当時の派遣隊員の証言は生々しい。次のように記載されている。

　「派遣隊員によると、ジュバで大規模戦闘が始まったのは2016年7月8日夕。10日には宿営地から約100メートルに位置するビルに反政府勢力約20人が立てこもり、政府軍との激しい銃撃戦になった。このため隊長が、インフラ整備に当たり普段銃を持たない施設部隊を含め、全員に武器携行命令を発令。銃撃戦がさらに拡大した際の正当防衛や緊急避難措置として、宿営地内の武器庫から小銃を取り出し実弾を装填して備えた。流れ弾に当たる恐れがあるため居住用の建物から外には出られず、小康状態になった際、宿営地内の避難用コンテナに避難。発砲に至る場面はなかったが、派遣隊員は『まさに戦争のど真ん中。彼らが宿営地に入ってくれば部隊は全滅すると思った』と振り返った。」

　現地部隊が日々の活動や治安情勢を報告するために作成した日報も、2018年春に開示された。日報には、2016年7月11日に宿営地周辺で「激しい銃撃戦」「砲弾落下」があり、「流れ弾への巻き込まれに注意が必要」という記述があり、「戦闘拡大」「銃撃戦」の表現も複数あった。

　隊員の証言や派遣部隊の日報などから総合的に判断すれば、2016年7月、南スーダンは戦闘が起きて「武力紛争」の状況にあったのは疑う余地がない。「紛争当事者の停戦合意」などを明記した参加5原則に反し、「即時撤退」すべきだったということになる。政府関係者は当然、そうした状況を理解していたはずだが、当時の中谷元・防衛相は「発砲事案」と説明し、菅義偉官房長官は「武力紛争とは考えていない」と述べている。そこには、隊員の安全より PKO の実績づくりを優先する政府の姿勢が透けてみえる。

　南スーダン PKO の日報については、隠蔽問題が明るみに出た。情報公開請

求に対し防衛省は2016年12月、「陸自が廃棄済み」と回答したが、省内に電子データで保管されているのがみつかり、2017年 2 月に公開した。当時の稲田朋美防衛相が隠蔽に関与したかは曖昧のまま、稲田氏の引責辞任で問題は幕引きとなった。首相官邸筋は「現地の情勢をあからさまに言えば、PKO 派遣の継続そのものが危うくなる事情があった」と明かし、そうした政府の姿勢が組織的な隠蔽につながった可能性は否定できない。

5　問われる派遣の正当性

■　「派遣は違憲」と隊員家族が提訴

　南スーダン PKO への自衛隊派遣は違憲として、自衛官を息子にもつ千歳市の50代女性が2016年11月、国に派遣差し止めを求める訴訟を札幌地裁に起こした。女性は「国土の防衛という自衛隊の本来の任務から逸脱した派遣に、母親として異議を唱えるために提訴した」と説明した。派遣差し止めとともに、自衛官の家族として平和的生存権が侵害され、精神的苦痛を受けたとして国に20万円の慰謝料も求めた。

　この自衛官の母親の思いは、多くの自衛隊員の気持ちを代弁しているといえる。札幌に住む元自衛官の男性は「命の危険を伴う PKO には参加したくない、というのがほとんどの隊員の本音だろう。でも上官に行けと言われれば逆らえないのが自衛隊という組織だ」と指摘する。

　千歳の女性の提訴から半年後の2017年 5 月、5 年間にわたった南スーダンへの PKO 派遣は事実上終了した。しかし、国会でも問題となった派遣部隊の日報は情報公開請求で開示されたものの、黒塗りにされた非公開部分が多く、訴訟では黒塗り部分の公開を求めている。弁護団長の佐藤博文弁護士（札幌）は「南スーダンで一体何が起きていたのか、派遣は参加 5 原則に反していなかったかを問う全国で唯一の訴訟。そのためには日報の黒塗り部分に何が書かれているのか知る必要がある。我われは勝つ自信がある」と話す。2020年 4 月現在、10回の口頭弁論が行われ、訴訟は続いている。

■ 日本ができる国際貢献とは

　南スーダンでの自衛隊の PKO は、5 年間で述べ約3900人が派遣され、計290kmの道路を整備・補修した。遠く離れた治安の悪い国で、灼熱の中、汗を流し国造りに励んだ派遣隊員たちの努力は賞賛に値するだろう。その一方で、明らかに危険な戦闘が起きていたにもかかわらず、「武力紛争ではない」と強弁し、隊員たちを危険にさらした政府の対応には怒りを禁じ得ない。

　日本政府がこの PKO 派遣にこだわったのは、南スーダン独立を後押しした米国への配慮のほか、アフリカでの資源獲得競争にくさびを打ち込みたいといった思惑が見え隠れする。自衛隊は国連南スーダン派遣団（UNMISS）の部隊として活動していたが、UNMISS には数十カ国から武力行使の権限を与えられた兵士が軍事要員として参加していた。日本は PKO 参加 5 原則という制約の中、「隙間」に参入したともいえる。

　国連は2019年末時点で約15の PKO を展開しており、その大半がアフリカ、中東に集中している。今後の PKO 参加について政府内では「政情不安の国も多く、自衛隊を派遣するにはハードルが高い」との声が強い。

　南スーダンで実際に自衛隊の活動を取材して、「なぜ自衛隊が道路整備をやらなければならないのか」と率直に感じた。2011年の独立時、南スーダンの失業率は8、9割とも言われていた。民間主導で地元の人を雇ってインフラ整備を進めれば雇用対策にもなるのではないのかと感じた。

　PKO や自衛隊の海外派遣にこだわらない、日本独自の国際協力、国際貢献の形があるのではないか。上智大学の東大作教授は、南スーダンの国家運営の要となる行政官の養成機関を設け、異なる民族が共に学ぶ支援策を提案している。国際協力機構（JICA）がジュバで手掛けていた看護学校支援は、大いに国造りに役立つと思った。民間レベルでは、多くの NGO（非政府組織）が食料・医療支援、民族融和のための活動などを行っている。

　カイロ駐在記者としてアフリカ、中東の各地で取材したが、親日家が多いのに驚き、うれしい気持ちになったことが度々あった。それは日本の技術力、経済力への信頼や尊敬であり、かつて日本がアフリカ、中東の国々を支配したことがないことへの安心感でもあると感じた。職業訓練、技術指導、平和への外

交的なアプローチなど、日本が独自にできる国際貢献は多いはずだ。

　北海道新聞の遠軽支局で働いていた25年ほど前のこと。行きつけの床屋のおばちゃんがこんなことをいっていた。「娘婿は遠軽駐屯地の自衛官でね。自衛隊は戦争する訳じゃないでしょ。就職先としては安定しているし、娘家族が近くにいてくれるのはうれしいことだよ」。それから四半世紀、自衛隊のPKO派遣が相次ぎ、安全保障関連法が成立するなど、自衛隊員を取り巻く環境は大きく変わった。しかし、あの床屋のおばちゃんのように、自衛隊員の家族が、隊員たちの安全、幸せな暮らしを願う気持ちは何ら変わっていない。自衛隊はまた海外へ派遣されるのか。つぎはどこで何をするのか。南スーダンでのPKOを踏まえ、何より不安を感じているは隊員たち本人だろう。

〔読んでみよう／行ってみよう／調べてみよう〕
中村哲、2013、『天、共に在り』ＮＨＫ出版：NGO ペシャワール会の中村哲医師はアフガニスタンで30年以上、医療支援や灌漑整備に情熱を燃やし、2019年に現地で凶弾に倒れた。自衛隊の海外派遣は「有害無益」と訴え続けた。
日本国際ボランティアセンター（https://www.ngo-jvc.net/）：国際協力で40年の歴史をもつ特定NPO法人で、南スーダンでも活動している。

〔参考・引用文献〕
北海道新聞、2011~2020、南スーダンに関する一連の報道
防衛庁・自衛隊、2017、『防衛白書　日本の防衛』日経印刷
谷山博史編著、2015、『積極的平和主義は紛争地に何をもたらすのか』合同出版
東大作編著、2017、『人間の安全保障と平和構築』日本評論社

【坂東和之】

コラム②　平和的生存権の実現を求める国際支援活動

1　誰のための平和的生存権か

「われらは、全世界の国民が、ひとしく恐怖と欠乏から免かれ、平和のうちに生存する権利を有することを確認する。」(日本国憲法前文２段後半)

上記のように、われら(文脈上、日本国民を意味する)は全世界の国民に「平和のうちに生存する権利」(平和的生存権)があることを憲法上で明確に宣言している。憲法前文は単に国家の理念や方向性を示した「冠」的なものではなく、憲法の一部として当然に法的性質を有する。そうであるからこそ、そこで述べられる内容は続く各条文の解釈基準となる重要なものである。

憲法研究者である筆者は、平和的生存権の権利主体を日本国民に限定させず、日本に住むあらゆる外国籍の者(無国籍の者を含む)および国外のすべての者を対象とすることを確認した点を高く評価する。同時に、そこに次の２点の意味が含有されていると解している。それらは、①大日本帝国時代の帝国主義・植民地主義とその遂行を支えた軍国主義が国内外の多数の人々の尊い命と生活を犠牲にしたことに対する反省、②その負の歴史ゆえに失った国際社会における信頼を修復させるために、人権に基づいて構築されるべき平和を丁寧かつ徹底的に追求しようとする意思である。

2　平和的生存権とは何か

平和的生存権が実現された社会をつくろうとするときに根絶しなければならないのが、上述の憲法前文で言及されている「恐怖」と「欠乏」である。平和を「戦争がない状態」と狭く定義すると、恐怖は憲法９条１項により放棄されている戦争や武力による威嚇、および武力行使のみを指すと理解されがちである。

しかし、現実には社会を構成する個人が経験してきた諸々の恐怖は、生活環境や社会規範等に応じて多様な形態をとる。例えば、家族内の支配関係を利用して加えられる DV や児童虐待、学校や職場での各種のハラスメント、性暴力、民族やジェンダー差別に基づくヘイトスピーチ等である。戦争や武力紛争が起きていない地域に住む人々からすれば、爆撃の恐怖よりも、DV やハラスメントの方が実生活で生じうるリアルな恐怖として映るだろう。平和的生存権のもう一つの要素である欠乏は主に貧困を指すが、貧困に陥る不安感は恐怖の一形態でもある。恐怖と欠乏という両者が重なり合うことに留意すべきである。

3　平和的生存権の確認作業の実践

恐怖と欠乏からの解放が実現された平和な社会とは、あらゆる形態の暴力が根絶された非暴力的な社会である。暴力は簡単に根絶できるものではなく、社会の構成員一人ひとりの努力が必要不可欠である。その努力は一義的には自分の足元の社会を変えるための実践であることは言うまでもない。

既述のように憲法前文は全世界の国民の平和的生存権を高らかに謳っている。世界は足元の社会と何らかの形で相互につながりあっている。ならば、国外の状況にも関心を寄せるとともに、必要あればあくまで個人ができる範囲で何らかの活動をすることも求められる。この場合の活動の範囲には、SNS 等を通して的確な情報を発信・拡散することや、

実際に現地に赴き、求められる支援活動に従事することまで、広範囲のものが含まれる。筆者はそうした活動を〈全世界の国民の平和的生存権の確認作業の実践〉と呼んでいる。

4　北海道パレスチナ医療奉仕団の活動

今から10年前の2010年7月、北海道の札幌市で一つの民間団体が結成された。その名を「北海道パレスチナ医療奉仕団」（猫塚義夫団長：整形外科医。以下「奉仕団」）という。パレスチナは長年にわたりイスラエルの苛酷な占領下に置かれており、パレスチナ人は生活のすべてを占領者の思うままに支配されてきた。奉仕団は、国際法違反の占領とその政策の下で引き起こされている数多の人権侵害を看過せず、医療支援を通してパレスチナ人とのつながり（＝連帯）を見出そうとしてきた。15年以降は子ども支援プロジェクト（バレーボールや絵画教室、子どもを対象とするワークショップ等）も実施しており、筆者は趣味を生かして絵画を担当している。

奉仕団は基本的に年に一回、短期の派遣団（全員無償ボランティア）を現地に送っている。現地での主な活動現場は、① UNRWA（国連パレスチナ難民救済事業機関）が運営する難民キャンプ内のクリニックと小中学校（東エルサレムとガザ）、②難民キャンプ内でパレスチナの民間団体が運営する福祉施設（東エルサレム）である。人間関係の構築を含め、何もかも手探りで始めた活動ではあったが、約10年経った現在では「日本から来た医者に診てほしい」と、クリニックを訪ねる親子を目にするようにもなった。

筆者は学生時代にイスラエルのパレスチナ占領問題に関心をもち、実際に現地でパレスチナ人が率いる非暴力抵抗運動に参加した経験を有している。そこから始まったパレスチナ支援活動の延長線で、北海道の大学で研究職に就いた後に奉仕団の活動に参加するようになった。加えて、憲法の平和主義や平和的生存権の理論的価値を知る者として、現場でそれを実践すべきと考えてきたことも、活動への参加につながった。奉仕団はイスラエルによりフェンスや壁で封鎖され、出入りも厳しく制限されているガザ（まさに「野外監獄」の状態）での活動にこだわり続けている。とりわけこの点に、全世界の国民の平和的生存権という発想に真摯に向かい合おうとする心意気を感じ取ったのである。

奉仕団はイスラエルからガザへの入域許可を UNRWA 経由でなんとか得てきた。イスラエル軍の爆撃が止まず、入域が叶わなかったときもある。入域した日に同軍の爆撃が始まり、活動どころではなくなったこともある。それでも入ろうと試みるのは、封鎖に小さな針の一穴をあけ、国際法違反に挑戦しようと思うからである。

5　北海道とパレスチナのつながり

本書で言及されているように、北海道は先住民アイヌ民族の差別や搾取の上に誕生した。同様にイスラエルは先住民パレスチナ人の追放や虐殺の上に建国された。北海道とイスラエルの成立の構造と現在まで続く先住民への迫害は悲しいまでに似ている。近年の奉仕団はこの類似点に着目しながら、北海道から地理的に遠いパレスチナで活動することの意義を真正面から再考する方向に動いている。この歴史的かつ現在進行形の類似点を無視するならば、奉仕団の活動は偽善的なものにしかならないからである。足元と世界の問題を相互につなげようとすることから、構造的につくられたグローバルな不正義への挑戦が始まる。

【清末愛砂】

第 **Ⅱ** 部

歴史からの視点

第9章　グローバルヒストリーの中の北海道史

1　はじめに

　北海道がいつ日本の領域内に国際法上組み込まれたのかについては諸説ある。まず、北海道が日本領土になった時期は不明、という政府見解。第二に、「日露通商条約」（1855年）が根拠となって日本領となった説。第三に、1869年（明治2年）説。第四に、蝦夷地は江戸時代には日本固有の領土でなかった説（北海道新聞2018年7月8日）。

　すなわち19世紀の半ば、鎖国から開国、明治政府設立へのうねりの中で、北海道とはその命名も含めてその存在を日本国領内に住む住民（≒明治以降の日本人）にほぼ新しく認知された地名と場所であったということである。

　それから約150年。北海道は欠くべからざる一部として日本の領域内にある。さて、開拓初期には、北海道の諸地域が「殖民地」と呼ばれ、移民を招致したこと、殖民地＝植民地とは官が整備した北海道の土地で、英語のcolonyの訳であることをまず確認しておこう。本章では、北海道の近代をグローバルな歴史の中から概観することを目的としている。

2　産業革命、国民国家、資本主義、日本版植民地北海道の始まり

　さて、蝦夷地が北海道になったこの19世紀半ばという時代はどんな時代であろうか？　世界史の横軸で考えてみよう。

■ 開国と産業革命
　第一に産業革命に伴うエネルギー革命・技術革新の拡散と植民地主義の隆盛

の時代であったことと、「自然の克服」観が広がったことである。18世紀末以来の産業革命がこの頃欧米全体に波及し、蒸気機関による熱エネルギー革命がもたらされた。資本が集積され、大規模工場も作られるようになった。さらに、1820年代から40年代には電磁気学と有線電信により電気エネルギーも活用されるようになった。

　蒸気船の黒船に乗ったペリーが1854年に 2 回目に来航した時に幕府に献上したのが蒸気機関車模型と有線電信装置であった（山本 2018：5）。西欧近代思想の「自然の征服」「人間は自然の主人公」といった思想は、19世紀になると人間が技術を使って自然を克服、破壊し、自然から利益を追求し、土地を含めた私有権の保護を国家に要求することとつながった。資本こそすべて、資本蓄積のチャンスを得たものは、それをあくまでも追求できる、という確信が欧米社会に広がった。野心家たちは捕鯨船で太平洋に出てクジラを追って、自然の中から資本を蓄積しようとした。その当時のクジラは、捨てる所がないといわれた貴重な資源で、日本近海はよき漁場であった。ペリー来航の表向きの理由は、捕鯨船への補給の提供要求であった。

　技術の発達とともに、自然界の浄化作業が働かなくなったのもこの時代であった。暴力的大量生産が生態系を壊し、再生不能資源を浪費し始めた（シューマッハー 1986：151，196）。

■ トレンドとしての国民国家形成

　　第二に、近代国民国家の領域観の形成である。19世紀前半までの東アジアでは清国を中心として朝貢体制が敷かれており、国境線は明確でなかった。ところが、南進するロシアと幕府が交渉を行ったときに、「国民が住む土地が領域」という近代国家論の原則を使った。択捉島も蝦夷地もアイヌ居住地は日本領という論理の整合性のためアイヌの同化が進められた。「日本人」の定義は対ロシア政策外交政策の中で議論された。

■ 大国化への企図と天皇制国家

　第三に、日本の近代国家としての版図拡大と大国化への企図である。北海道

開拓の意図とは、従来権力が及ばなかった場所に国家支配を及ぼすことにあった。北海道は対ロシアの防衛上の重要拠点の「皇国之北門」「北門の鎖鑰（錠と鍵）」であり、「蝦夷開拓は皇威 隆 替の関する所」であった。明治国家の元首天皇の国内的／国際的権威と威信を高めるために、領土防衛、領土拡大のフロンティアとして北海道はその存在価値が発見された。

■ 資本主義の導入

　第四に、日本の開国とともに欧米社会から資本の論理が入ったことである。資本の論理とは、一言でいえば「何でも商品化されうる」ということと「物質代謝の大半が商品を通じて行うようになる」、すなわち貨幣経済の浸透ということである。資本主義の導入は、土地と労働力の商品化から始まる（白井2020：95-96）。明治政府も、欧米社会に倣って土地の商品化を開始した。それが、1873（明治6）年の「地租改正」である。幕藩時代に禁止されていた土地の売買が解禁され、身分制度の撤廃により、人々は土地への束縛から解かれた。それは人々が食と職を求めて先祖伝来の土地からあふれ出ることも意味していた。

■ 内国植民地としての北海道

　第五に、食べられぬ人々を引き寄せ、官が「殖民」政策を行い、殖産興業の実行／実験場所となったのが北海道だった。内国植民地のスタートである。自然を征服し、開拓者が自活し、商品作物を作って富を蓄積する（余剰を残す）ことは良いことであるという「開発」観が脚光を浴びるようになった。土地の開墾は、次のようなプロセスを踏んだ。

> 「樹木地では樹を伐り木材、薪等とり、残りは程善く纏めて之を焼き、笹其外の下草は晴天の時焼払い、さて其後は種子を蒔くべき箇所又は畦のみを墾し…府県の開墾と比べると大いに違っている所がある」（下線：引用者）（北海道庁殖民部拓殖課編1900：8-9）

伐採された木は、木材として鉄道の枕木にされたりマッチの軸木、角材等と

しても輸出されたりした。21世紀の現代、アマゾンの熱帯雨林の大幅な消失が報告されているが、鉱山開発と農地開墾のための焼き払いが原因である。北海道でも同等の粗放な開墾が行われた。

3　北海道の土地は誰のものか？　土地に対する法制

■ 土地の公有化と先住権の否認

では、潜在的な将来の商品——資本主義を発展させるための原動力——たる北海道の土地は明治以来誰のものとされたのか？　結論からいえば、広大な手つかずの土地や自然は先住民アイヌには何の相談もないまま国有財産（官有地）であると一方的に宣言・通告された。その後、土地は貸出、払下、売却の対象となった。

北海道で最初に制定されたのが1872（明治5）年の開拓使布達「北海道土地売貸規則」と「地所規則」である。1873（明治6）年の全国規模の「地租改正」以降、1877（明治10）年には「北海道地券発行条例」も制定され、近代的土地法制が整備された。同時にアイヌが生活の糧を得る場、居住地は官有地となった（永井・大庭 1999：67，209）。換言すれば、アイヌには先住権を認められず、後から入植してきた和人と土地に関して同じ出発点に立たされた。明治以前に認められていた漁場の漁業権等は失われた。

■ 官有化と払下と自然破壊

さらに1886（明治19）年に北海道庁が設置され、政府は「北海道土地払下規則」を制定し、「殖民地撰定事業」を開始した。入植地は最小1万5000坪の長方形の殖民地区画事業である。これらの殖民地区画制は、アイヌの強制移住につながることが多かった（永井・大庭 1999：214-215）。

1897（明治30）年の「北海道国有未開地処分法」では、さらに企業の大面積払下げ要求に応じるべく、払下面積の限度を拡張した。資本をもつ民間の大土地所有を是認したのである。

本州四国九州で、豊かな森や樹齢数百年ともすれば1千年以上の樹木が残さ

れているのが、多く鎮守の森であり、それらは地域住民にとっての心の拠り所であったり、崇拝対象であったりする。このことを考えれば、開拓者の手による北海道の森の消滅の特殊性が理解できる。木は「材」として売却されたり邪魔者として排除され伐採されたりした。そこにはある一定の期間内で開墾すれば土地は自分のものになる、という欲望に駆られた近代的人間が自然を「征服」する過程がある。自然に畏敬の念をもち崇高なものとする日本人の伝統思想は「開拓スピリット」の前で風前の灯とあった。

4　宝の山　北海道へ

　北海道は資源の宝庫として発見された。

　まず、着目されたのが蒸気機関のエネルギーとして必要な石炭である。開港した函館港に入港する外国船はしきりに石炭を要求した。幌内炭鉱がみつかったのは1872（明治5）年、官営化されて本格的採鉱は1881年に始まった。九州と並び北海道での炭鉱の発見は、日本の産業の蒸気機関化、機械化、大量生産化、大資本の寡占、軍事化に弾みをつけた。

　幌内炭鉱の石炭輸送のために、鉄道が幌内―小樽間に敷設された（1882（明治15）年）。それ以降、徐々に札幌麦酒醸造所、札幌製粉所、幌内炭鉱など官営事業は、大資本に払い下げられた。幌内炭鉱は1889（明治22）年北海道炭礦鉄道に払い下げられた。この頃までには北海道は石炭、硫黄、銅、砂金などを産する一大鉱業地帯となる。それを当て込んで、良港のある室蘭には製鉄所や製鋼所ができた。同時に炭鉱や工場で働く労働者も大量出現し、資本家／労働者と需要／供給の関係が確立した。

　1911（明治44）年から1939（昭和14）年の間、北海道の炭鉱は三井、三菱、住友、大蔵、山下汽船など、財閥系資本に買収・開坑されていく（永井・大庭1999：162）。日本は日露戦争に勝利し、日中戦争の開始まで世界の「一等国」へ駆け上っていった。その過程で工業化・軍事化に必要なエネルギー需要を満たしたのが北海道の炭鉱であった。

　北海道は内地で行き詰まった人たちにとって開拓の苦労はあっても別天地で

あった。頑張れば土地がもらえる、自作農になれる、労働者として仕事がみつかる、食べることができるという夢を実現する場所であった。大量の移民が押し寄せた。

　開拓使が設置された1869年には北海道の人口は5万8000人、1925（大正14）年まで、北海道人口は250万人まで増えた。実に43倍である。これは、内地の矛盾を北海道で解決するという方向性に官民挙げて乗ったことが原因である。とくに、明治末からの多種多様な移住ガイド本の発刊は、北海道への夢を駆り立てた。移民の出身地は東北、北陸、四国の順に多かった。その理由は東北の大凶作や松方デフレによる士族の困窮化、日露戦争以降の不況、自然災害と様々であった。このような移民政策の成功体験は、のちの満蒙開拓移民政策にまでつながっていく。

5　アイヌはなぜ屈服させられたのか？

　アイヌの狩猟民／漁撈民／食料採集民という生活文化は極北地域に住む民の共通伝統である。太陽、雨、岩、滝、木、熊といった自然を崇拝した。豊かな文化は、文様や、ユカㇻという叙事詩はもとより、狩猟／漁撈技術、薬草や野草に対する豊富な知識からもわかる。必要なものは季節ごとに取りに行き、集落の人々に分け与えた。それ以外は、交易によって手に入れた。自然とともに生きる知恵とアイヌモシㇼの恵みで命を支えた。蒸気機関や鉄砲を発明したり購入したりする必要はなかった。

　明治政府が北海道開拓を指揮し始めた頃から様相が異なってくる。それは、欧米社会発の「資本蓄積」と連動している。経済史をみれば、農作物の余剰が文字、債務、通貨、国家、経済を生み、技術と軍隊を生み、権力者は武器を独占した。一方、アイヌのような狩猟民は余剰を生まなかった。自然の食べ物に事欠かず、数万人にすぎない人々が広大な土地で土地と川、海の恵みを独り占めできた。他方、豊かなアイヌ文化は軍隊、武器、細菌から自分たちを守ることはできなかった。余剰と富の蓄積のためには、権力集中が必要だ（バルファキス　2019：23-40，58-59）。そして集中した富と権力をほしいままにアイヌに対

して行使する手段が明治以降の北海道の「開拓」政策と土地支配であった。

6　アイヌ政策と和人のアイヌ観

　アイヌは「日本人」の中に含まれると宣言し日本は国際社会にデビューしたと先に述べた。アイヌに対する政策の変遷をみてみよう。

　つぎに挙げるのは1888（明治21）年に出版された『北海道殖民論』に書かれた和人知識人河田鱗也のアイヌ観である。現代語で再現してみよう。

> 　我が種族（和人）が北海道で人口を増やしているのに、土人（アイヌ）の人口が減っているという話をきき、その理由を知りたいと思った。東京に行った時に、「優勝劣敗説」を聞いた。生物たるものはその生存をはかるために競争をするが、その環境に適したもののみが生存できるということだ。そうでないものはみな衰滅してしまうのだと。わが種族と土人の優劣をみて、その勝敗の帰する所がわかって嬉しくも悲しくもあった。
> 　北海道の土人は太平洋群島の土人とその生活様式を同じくし、弓矢で山野で狩猟を行い、丸木舟で漁をして生存を計っているにすぎない。和人は鉄砲で鳥獣をたおしたり、大船に乗って大網を投げて魚や昆布をとったり、農地を耕し牧畜を行ったり豊かに暮らしたりしている。それに比べれば、土人は愚かなことである。土人が我が種族と競争しても、ついに衰滅してしまうのは疑いようがない。（要旨）

　河田は当時流行の「社会進化論」の「優勝劣敗」論に当てはめて、アイヌ人口の減少は当然と考えている。和人はいち早く欧米発の技術革新と資本蓄積の恩恵に浴することができた。和人が最新技術を駆使して狩猟や漁撈を行い、大量に自然物を捕獲し余剰を得るのは良いことで、アイヌのように弓矢や丸木舟で必要な分だけとるというのは遅れたやり方である、という愚民観である。社会進化論はダーウィンの進化論を社会に当てはめ強者の論理を正当化する理論として19世紀末の日本でも大流行した。現在では「似非社会科学」との烙印を押されている学問だが、当時最新の学問の権威のもとアイヌを「滅びゆく民族」して捨象し、差別や同化を当然視する社会通念の流布をみることができる。

　同化政策はアイヌ文化の否定から始まった。それは開化という「善意」の形をとっていた。1869（明治2）年の「聖旨箇条」では、天皇の名の下、アイヌの同化は必然視され、天皇による「撫育」と和人とアイヌの「協和」が謳われた。それは、ペリーの蒸気船に驚きいち早くそれらの技術を取り入れ始めた和人が、にわかに指導的立場に立って優越感に浸れるのが「遅れたアイヌ」に対処する時であったことを意味する。

　1880年代までにはアイヌの風習や生活様式、生産様式は徐々に否定されるようになった（平山 2014：243-244）。アイヌの人口減少は、伝染病のほかに伝統的な狩猟や漁撈の方法を禁じ、その結果餓死者が出るなどしたアイヌの困窮が原因である。後からきた和人に有利なルールが彼らを追いつめた。

　1899（明治32）年の「北海道旧土人保護法」は困窮化したアイヌを定着させ、農耕させるべく制定された法律である。しかし、すでに和人移住者に大量の土地が払い下げられており、給与地は条件の悪い場所ばかりであった。土地の多くは開墾できず没収されたり、借金のかたとなったりして手元から消えた。さらには、遺伝的特徴が差別の対象となるがために、混血化して外見の特徴を消し、アイヌがルーツであることを黙して語らない人も多く、結局独自言語、生活様式、口承文化をもつアイヌ文化は風前の灯となった。同時代のオーストラリアのアボリジニや北米のネイティブ・アメリカンと同じである。アイヌ歌人違星北斗（1902-1929）の次のような歌からその悲哀が伝わる。

　　滅び行くアイヌの為に起つアイヌ　違星北斗の瞳輝く
　　アイヌ相手に金儲けする店だけが　大きくなってコタンさびれた
　　泥酔のアイヌを見れば我ながら　義憤も消えて憎しみの湧く
　　酒故か無智な為かは知らねども　見せ物として出されるアイヌ
　　山中のどんな淋しいコタンにも　酒の空瓶たんと見出した
　　滅亡に瀕するアイヌ民族に　せめては生きよ俺の此の歌

　彼の歌は大正期から昭和初期に歌われた。明治時代の和人の大量移住、被差別、生活基盤の消滅、酒、貨幣経済の導入がアイヌ社会と文化に決定的打撃を与えたことがわかる。そして再生への誓いもこの時代に生まれた。

7　急速な近代化のためのいのちの代償

　金子堅太郎（1853-1942）は、大日本帝国憲法の起草者の一人であるが、北海道開拓のため、囚人労働を進言した。全国で設立された 8 カ所の 集 治監のうちの 5 カ所が北海道であった。自由民権派の思想犯を含め北海道に送られたのは全員男性であった。

　金子は普通の土工には耐えられない道路、鉄道建設、鉱山労働、開墾など困難な仕事を囚人にやらせれば費用節約になるとした。他の労働者を使うより安価で、死んでもかまわないという理由である。北海道が集治監の場として選ばれたのは、開拓すべき場所が無尽蔵にあったこと、資本家にとって奴隷労働ほど好ましいものはなく、囚人労働は資本の呼び水とされたからである（小池1973（2018）：122-123）。土地なき民に土地を与え、国富の蓄積を行うという北海道の輝かしい開拓史の裏に、生きてよい民と死んでもよい民という二通りのカテゴリーの民がいた。そして後者は虐待と過酷な労働の末に無念の死を迎えた。さらに1930年代から朝鮮人労働者が安価な労働力として導入され、戦時期には中国人労働者も意思に反して連れてこられ、過酷な状況に置かれた（第11章参照）。このようにいのちを選別する思想の中で、北海道の「開発」は進んだ。

8　ま と め

　本章では、主に北海道の明治以降約50年間の歴史を辿った。開拓の苦労と美名の下で、先住民の権利は蔑ろにされてきた。そして、2020年、共生空間ウポポイの創設とともに「アイヌとの共生」が謳われる。しかし、その歴史を忘れて「未来志向」は何も生み出さない。本章で扱った和人の「先人」たちの差別的言説は消せない歴史として残る。そして、権力が土地を一方的に官有地とし、ある民族集団の権利を取り上げ、絶滅寸前まで追い詰めたのは、アメリカやオーストラリアの先住民が辿らされた道と同様である。

　北海道が、海外植民地に先駆けた内国植民地であったこと、国内の矛盾を解

消すべき地、国威を称揚する場として利用されたこと、自然の資源を資本主義＝国富に利用するために大量に利用されたことで豊かな自然は消滅しかかったこと、その経験が海外植民地でも生かされたこと。それらのことを忘れてはいけない。今こそ「豊かさ」についての再定義が必要な時はない。

〔読んでみよう／行ってみよう／調べてみよう〕

加藤博文・若園雄志郎編、2018、『いま学ぶ　アイヌ民族の歴史』山川出版社：初学者向けに、北海道をアイヌの視点から解き明かしている。

違星北斗、1980、「北斗帖」『北海道文学全集第11巻　アイヌ民族の魂』立風書房

野田サトル、『ゴールデンカムイ』集英社＊既刊24巻（2020年12月時点）：言わずと知れた大ヒットマンガである。フィクションであるが、時代考証がしっかりしており、日露戦争前後の北海道の様子がよく理解できる。

ウポポイ　国立アイヌ民族博物館：2020年開業。北日本で初めてつくられた国立博物館である。アイヌ文化を立体的に理解できる作りとなっている。ただ、「アイヌ施策推進法」がアイヌ文化観光に力点を置いているので、近代化の影や先住権や民族差別の構造的問題に関しては記述が弱い。

北海道立北海道博物館：北海道の古代から現代までを網羅的に紹介する博物館。近くには、北海道開拓の村がある。野幌森林公園の中に位置し、北海道の近代建築物が移設してある。とくに、屯田兵の家は当時の生活の様子が再現してあり、一見の価値がある。

〔参考・引用文献〕

平山裕人、2014、『アイヌの歴史』明石書店

山本義隆、2018、『近代日本150年——科学技術総力戦体制の破綻』岩波書店

白井聡、2020、『武器としての「資本論」』東洋経済新報社

永井秀夫・大庭幸生編、1999、『北海道の百年』山川出版社

小池喜孝、1973（2018）、『鎖塚』岩波現代文庫

バルファキス，ヤニス（関美和訳）、2019、『父が娘に語る美しく、深く、壮大でとんでもなくわかりやすい経済の話』ダイヤモンド社

北海道庁殖民部拓殖課編、1900、『北海道殖民図解』北海道

「聖旨箇条」、1869、https://www.jacar.archives.go.jp/aj/meta/MetSearch.cgi

河田鑛也、1888、『北海道殖民論』河田鑛也

シューマッハー，E・F（小島慶三・酒井懋訳）、1986、『スモール　イズ　ビューティフル』講談社学術文庫

【松本ますみ】

第10章 ライフヒストリーからみる北海道の近代

1　はじめに

　筆者が勤務する室蘭工業大学では学生の約6割が北海道出身者である。筆者の担当科目の「哲学入門A」（全8回）（2014年度〜2019年度）では、年長者のライフヒストリーの聞き取りを課題としていた。その目的は、①前の世代の生活の様子、生き方、考え方を聞き取ることで、先人への尊敬の念をわき起こすことと、②現代社会に至る歴史的背景を知ること、③一番近い人の話に傾聴することで、コミュニケーション能力を養うとともに、深く自分のルーツを知る機会とすること、④愛情に包まれ育てられた自分を再確認できるようになればいいと考えたことにある。

　学生は平成生まれである。祖父母で戦前生まれの人もだんだん少なくなっている。ましてや戦争の記憶がある人はわずかとなってしまった。そんな中で、その時期の記憶がある世代の祖父母は戦争について孫に話すことが多い。大学の単位のため孫はしぶしぶ祖父母に話を聞きに行く。が、祖父母側はこのチャンスを捉え自分の体験を次世代に伝えたい。熱意を感じさせる話が集まった。

　女性のほうが長寿なこともあり、女性のライフストーリーが比較的多く集まった。祖母7割、祖父3割という比率である。すべてを紹介することは難しいが、その中で、北海道ならではの話を以下に収録した。なお、すべて仮名で場所もぼかしてある。

2　男性のライフストーリー

■ 佐藤昭さん　1934年生まれ

北海道下川町→満蒙開拓団→孤児→脱出→帰国→戦後開拓→ニシン漁漁師

　佐藤壮太さんの祖父の佐藤昭（以下、昭）は1934年道北の下川町に生まれた。兄弟は全部で6人だった。8歳の頃に母が病死し（1942年）、翌年（1943年）に父が子どもたち6人を連れて満洲に渡り（おそらく、ソ連との国境地帯）、開拓団の一員として集団で住むことになった。昭の父は敗戦直前に徴兵されていたが、日本が敗戦後、シベリアに抑留され、家族全員ばらばらになった。9歳の時のことである。敗戦時は衣服もすべて没収され、手元に何も残らなかった。日々の食糧難で飢えたり、流行病にかかったりなどで、ソ連軍の追撃からの逃避行中、開拓団の老人、女、子どもの半数以上が亡くなった。昭の兄弟のうち3人も死んでいった。昭は着るものがないので外に落ちているアンペラ（むしろ）の袋を身にまとって外を歩き、畑のものを盗んで腹の足しにしたり、枯れ木の下にたまっている落ち葉を集めたりして夜は寝ていた。先に人がいると思ったら死体だった、なんてことがよくあった。

　そんな中、昭は中国人夫婦に引き取られ、死線をさまよう生活から何とか抜けだすことができた。毎日中国語を学び覚え中国語が堪能となった昭は養父母にかわいがられていた。しかし、養母がアヘン中毒で、毎日アヘンを買いに暗黒街に行っていた。これはだめだと思い昭は下川町に絶対に帰ろうと、逃げる機会をうかがっていた。まだ12歳ぐらいであった。一度逃げてみつかり折檻をうけたが、もう一度逃げ、下川に帰る準備を始めた。

　昭はソ連の国境軍が警備する町に行き、日本に帰る機会を待った。風の噂で葫蘆島に引き上げ船がきて、その船は日本に行くらしいという話をきき、身を隠して機会をうかがっていた。果たして興安丸がきて、なんとか乗り込み、日本の博多港についた。その後、道外の親戚のもとで暮らしたが、親戚も子どもが多く、肩身の狭いつらい生活だった。その後昭の父が開拓団長として下川に

引き上げていることを知り、父を追って津軽海峡を越えて下川についた。厳しい環境で父との力仕事はなかなか厳しかった。そんな中、昭は開墾に見切りをつけニシン漁に行くようになり、次は海での生活が始まった。

　（解題）北海道下川町の開拓元年は1901年、岐阜県からの入植である。昭の父は下川で1900年以後に移住先の開拓農家で生まれた計算になる。しかし、6人の子どもを残して母は亡くなり、一家は満洲（現在の中国東北部）行きを決意する。主婦が亡くなるだけで、開拓地下川の農業は立ち行かなくなった。自作農として大規模農業ができると満蒙開拓を勧める政府の甘言に乗った渡満だった。ソ連は1945年8月9日に国境線を越えて「満洲国」に侵入、ソ連国境地帯にいた開拓団は死の逃避行を余儀なくされた。子どもたちは路頭に迷う。昭少年は敗戦時11歳。生死の瀬戸際で中国人の養子となったが逃げだし、持ち前の機転を生かし日本に帰りつく。シベリアから先に帰国した父を追って下川に帰るも、農業は厳しかった。若い昭は、漁業に肉体労働の場を見出す。
　そのまま昭が中国大陸に残っていれば、中国残留孤児となっていただろう。孤独と飢えと虐待に耐えて苦労して帰ってきた日本であったが、戦後北海道開拓農業の厳しさは相変わらずであった。昭、昭の父、昭の祖父と三世代の北海道と大陸における肉体と精神を消耗する開拓の苦労はいかほどであったか。厳しい状況にも果敢に立ち向かい、人生を切り開いた昭のような人が現在の北海道をつくった、ということを忘れてはいけない。

■ 山田正雄さん　1936年生まれ
鹿追入植者7番目の子→父他界→学校にほとんど行けず→開拓農家に婿入り
→酪農→離農

　静岡県から十勝の鹿追町の西部に入植してきた山田家。その家の7番目の子として、1936年正雄は生まれた。江藤圭太さんの祖父である。
　正雄の子どもの頃は戦争が激しい時であったが、住んでいた付近は戦争とはほぼ無縁の生活をしていた。しかし、正雄が8歳の時（1944年）、正雄の父が馬

に蹴られその時のケガがもとで他界、それからは子だくさんの母子家庭で苦労の多い生活が始まる。

　山田家は農家だった。戦争が終わり、小学校高学年になった正雄は農作業の手伝いで学校に行かない日も徐々に増えていく。中学に上がる頃には、農作業がない日、例えば雨天時や冬の期間しか学校に行かなくなった。学校で過ごすことが周囲と比べて少なかったが、友と過ごすのは楽しい時間だった。走ることが得意で、1500m走の選手にクラスで選ばれたこともあった。

　1951年、中学校を卒業すると、本格的に家の手伝いをする日々が始まる。

　農作業に加え、冬期間は上川の山間地で木の伐採作業を手伝った。気温は－30度を下回る日も多く、木の中の水分が凍ることで木が裂けてしまう凍裂という現象もしばしば目撃した。決して楽な作業環境でなかった。2〜3年はそんな生活を続けた。

　正雄が18歳になると、静岡県より大正時代、新得町に入植してきた江藤家に住みこみ、そこで一日中農作業をした。1958年、正雄が21歳の時、江藤家の婿養子として江藤家8番目の子どもの美咲と結婚する。3年後、24歳（1960年）の時、正雄は自分の畑をもち独立する。この頃、長男が生まれ、酪農にも手を付けた。その後、酪農が軌道にのり、牛6頭からスタートしたものが、搾乳可能な牛20頭以上に増えた。また、次男、三男（圭太さんの父）も生まれた。しばらくはこの充実し忙しい働き詰めの日々が続いた。約20年経って子どもたちは進学、就職などで、それぞれ家を出ていき、夫婦二人で農業にいそしむ生活が始まっていた1981年のことだ。美咲が咽頭がんのために入院することになった。かなり長期の治療で、正雄は酪農をやめることにした。牛を売り、畑作業と妻の介護に専念する。その後は畑作農家として、退院した妻と豆類、小麦、ビートなどを育てた。

　2000年、美咲がすい臓がんのために他界した。62歳だった。当時の正雄や家族にとってはどれほど悲しい出来事だったろうか。これが離農の決断の大きなきっかけだった。正雄は畑を売り、農場をたたんだ。その農場跡地は新得町に今もある。「江藤農場」という土まみれの小さな看板が立っている。

　やがて正雄は長男の住む帯広市に引っ越す。一戸建ての二世帯住宅の隣同士

で正雄と長男一家は今も住んでいる。正雄は現在毎朝ジョギングするのが日課
だ。家庭菜園で花や野菜を育てながら、静かに元気に過ごしている。

　（解題）1901年に鹿追に初めて入植者が入った。その子沢山の家に生まれ、
開拓地とともにあった父が亡くなったことで、正雄の生活は暗転。農業の手伝
いで正雄は学校もまともに行けなかった。中卒後遊びたい盛りを実直に働き、
開拓農家の婿養子となる。その後も酪農を開始し、厳しい肉体労働ではあるが
愛妻と子どもたちとの平穏な生活を続けた。最愛の妻の闘病と病没で、農場を
手放した。開拓地で半世紀以上の人生を捧げ、身を粉にして働いてきたが、結
局子どもたちは農場を継がず、正雄も子どもに農場経営を無理強いしなかっ
た。農業は重労働の割に収入が少ないことと、子どもには好きなことをさせた
いという親心であろう。北海道の基幹産業は一次産業であるといわれたが、い
まやその就業人口は8万9000人と全体の1.68%にすぎない。耕作放棄された農
地をみるたび、正雄のような実直な働き者とその親世代の労苦を思わずにはい
られない。しかし孫の圭太さんも、エンジニアのサラリーマンになって農業に
就かないのだろう。

3　女性のライフストーリー

■ 桑田アキエさん　1930年生まれ
　壮瞥生まれ農家→学校欠席がち　家の手伝い→ DV 夫と結婚→離婚

　竹内正文さんの祖母、桑田アキエは1930年北海道壮瞥町で3男6女の三女と
して生まれた。しかし、長女は生まれてすぐ亡くなり、次女も長い病気の末12
歳の時に亡くなったので、一番の年長者となった。家は農家だったので、農業
の手伝いや弟妹のお守りで学校にほとんど通えなかった。それでも冬は農家の
仕事が減るため、たまには学校に行けた。その場合、弟妹を抱いたりおぶった
りして登校していた。周りの人たちもほとんどが弟妹の世話をしながら登校し
ていたため、弟妹を連れて来ていないと恥ずかしいくらいであったという。

　戦争が始まると配給制になり、家がその配給所から遠い場所にあったため、受取りにいくのが大変であった。また食料不足のため、春、山でフキやワラビをとってそれを塩漬けにしておき、飢えをしのいでいた。衣料品も少なく、外出着などはなかった。また白い服を着ると敵の戦闘機などにみつかるといわれ、白い服は禁止だった。兵隊の出征時は、毎回最寄の駅まで見送りに行った。

　夫になった森田明男は、機嫌が悪くなると暴力をふるい、アキエと息子はかなり苦労した。結婚後同じ胆振管内の町で農業をしていたのだが、アキエは60歳の時に夫と離婚した。離婚後、明男は病に倒れたのだが、アキエは付きっ切りで看病した。

　（**解題**）アキエは学校にほとんど行けていないので、半識字者であると思われる。半識字者の多さは、この時代の北海道のとくに女性に多い特徴である。彼女の人生は苦労の連続であった。このような小さな子どもの無償労働に依存し戦前の農業経営は進んだ。そんな学校に行きたくても行けない子どもにも食料調達や出征兵士への見送りは義務付けられた。結婚後も、女性で半識字者である弱者のアキエに暴力をふるう配偶者に苦しめられた。正文さんのような孫が大学で学ぶことができていることが、彼女の生きる望みとなっている。

■ 村上順子さん　1932年生まれ

　興部商家次女→家事手伝い→勤労奉仕→結婚→子ども３人→化粧品セールス

　鈴木亮介さんの母方の祖母村上順子（旧姓伊藤）は1932年に３男３女の次女としてオホーツク沿岸の興部に生まれた。男兄弟はみな大学を出ており、教職に就いたものもいる。しかし、女きょうだいは誰も高等教育を受けさせてもらえなかった。

　順子が子どもの頃、伊藤家は呉服、衣類を扱う「伊藤商店」を営んでおり、両親は仕事に忙しく、順子は家の手伝いをしていた。学校から帰ると８つ下の妹を背負って近くの川まで服やおむつを洗いに行くのが日課だった。

　順子が小学4年生の時、日本はアメリカと戦争を始めた。空爆はなかった
が、海が近かったため、海からの攻撃に備え防空壕を掘っていた。戦時中は順
子の小学校にも軍人が泊まっていた。勉強はさせてもらえず、男子は手旗信
号、女子は暗号通信の練習ばかりさせられていた。いわゆる勤労奉仕もつら
かった。山に行き、タバコの（代用の）草（イタドリ？）をとり、干して兵隊の
ためにタバコをつくった。そのため少し険しい山にも行った。夏休みにはチモ
シーという草を刈り、干して学校にもっていき馬の餌にした。土管工場に手伝
いに行ったり、戦争で人手が足りなくなったニシンの漁の縄外しに行ったりし
た。一番つらかったのは、泊まり込みで松の木の運搬作業に行ったことだ。松
脂は当時飛行機の燃料に必要だといわれていた。

　終戦時は数十年に一度なるという笹の実をとりに行っていた。帰りの列車の
中で日本が負けたという放送を聞いて、ぽろぽろと泣き崩れた。どれだけ泣い
たかもわからないほど泣いた。終戦時は13歳である。

　終戦後、順子は人手が足りない網元の所で3〜4カ月手伝っていた。

　順子の母が所属していた婦人会の演芸会で、手伝いに来ていた村上修良と出
会い結婚。修良は、戦前から大手の乳製品会社で働いており、戦争中赤紙が届
いて室蘭に来ていたが、戦地に行く前に戦争が終わり復員した。

　結婚後は3人の子どもに恵まれ平穏な生活だった。順子は子どもの頃の労働
で体をおかしくしてしまったからか、あまり丈夫なほうではなかった。だから
毎日出勤するような仕事には就けなかった。しかし、子どもの学費等のことを
考えると働かざるを得なかった。そんな時、訪問販売の化粧品会社の知り合い
から「毎日出勤じゃないから大丈夫」といわれ、働き始めた。その仕事は80半
ばになった今でもやっており（2017年時点）、50年以上働いている。順子は「も
う体もつらいけどお客さんがいるから1個でも2個でも売らないと」と語って
いる。

　（解題）オホーツク海岸沿いの町の商家の娘の話である。女きょうだい全員
が高等教育を受けさせられず、家の手伝いをさせられた。小学生なのに戦争の
ためろくに学校に行かせられず、暗号信号の練習をさせられ、「決戦」のため

に様々な「勤労奉仕」、それも激務をさせられた。代用タバコの製造や航空燃料に使う松脂を集めさせられたりするなど、子どもの純粋な心と無償労働が戦争遂行のために利用された。学校の学習内容は中途半端な習得に終わった。終戦の詔勅を聞いて泣き崩れるほど日本の勝利を信じていたことなどが淡々と語られる。戦後は３人の子どもに恵まれ、化粧品の訪問販売員をして生活を支える。戦後、豊かになりつつある日本で、化粧品産業は戦争中おしゃれができなかった女性をターゲットにして大きく成長した。

■ 神崎久美さん　1937年生まれ

夕張生まれ農家→戦争未亡人に育てられる→家事手伝い→結核→農家家事手伝い→弟たち鉄鋼マンに（室蘭）

神崎恭介さんの祖母久美は1937年に夕張市栗山町の岡村家の長女として生まれた。下には弟が２人いた。久美の父は戦争で早くに亡くなり、母子家庭で育った。農家なので食べ物にはあまり困らなかった。また冬には市場で働いている親戚のおかげでタラや足の欠けたカニなんかも食べられた。当時冷蔵庫はなかったが、冬であれば雪山に埋めて保存できた。

久美は小学校３年生の時から家の炊事や掃除を手伝っていた。薪ストーブに鍋をかけて料理していた時、鍋の底を焦がして中身がすべてストーブの中に落ちたこともあった。久美の家はきれい好きで久美は朝学校に行く前に雑巾がけをし、帰った時も床が汚れていれば、きょうだい全員でまた雑巾がけをした。

久美が中学校３年の時、重い病気（結核）にかかった。龍角散を飲んでも治らなかった。当時、特効薬の抗生物質ペニシリンは高価で久美の家で買えるものではなかった。だが近所のお金持ちの家でペニシリンを使っていた方が亡くなり、残りのペニシリン10本分を譲ってもらうことができた。注射を打つことのできる方にお願いして、２時間おきに１本の間隔で打ち、快癒し、一命をとりとめた。

久美の家では羊を２頭飼っていたが、ある時、野犬に１頭が殺されてしまった。近所の人が野菜を持ち寄ったりして、初のジンギスカンを食べた。

　久美は中学卒業後も実家で農業をしていた。久美と幸次が知り合ったのは1959年の22歳の時で、富士製鉄に勤める幸次が夕張の道路工事に出向していた時に出会った。1961年に結婚し、1964年に長男が生まれた。久美の実家の農家は赤字で、久美の弟たちは室蘭の富士製鉄（現在の日本製鉄）に入社（1960年代）、農地は親戚が買い取った。

　（解題） 久美は夕張の農家生まれだが、戦争で父を亡くし、母子家庭で辛酸をなめた。結核にかかったが、戦後アメリカから輸入したペニシリンで生かされた。結婚後、実家は赤字経営の農地を手放す。弟たちは祖父母や父母が苦労して開拓した農地を継がず、室蘭の富士製鉄の工場で働くことになる。1960年代といえば、高度成長期で、室蘭の鉄産業が活気を帯びていた。すなわち、室蘭の人口増と繁栄とは、開拓地を手放した「余剰」人口を工場労働者として集めた結果でもあった。

4　ま と め

　話し手は聞き手とのコミュニケーションの中で自分の経験を語る。記憶違いや、学生の聞き取り間違いがある。しかし、ここには歴史の表舞台には決して出ない個人史がある。そして、そのような祖父母が苦労をしつつも生き延び次の世代の子ども、すなわち学生の親を育ててくれたから自分が存在する、という実感を学生たちは得たはずである。開拓と貧困の苦労譚は、このように子孫に受け継がれる。アイヌモシリは明治以降和人移民の島の北海道として農業や漁業を中心に発展した。戦争は大きな爪痕を人々に残した。そしてこれを聞き取った現在の学生の誰も第一次産業に就かずサラリーマンとなるであろう。その意味では、近代という壮大な実験は北海道を舞台に現在も繰り広げられている。

【松本ますみ】

第11章　朝鮮人戦時強制動員と北海道

1　問題の所在──北海道における植民地などからの戦時強制動員

　日本は1910年までに大韓帝国の国権を奪い続け、ついに同国を植民地とし、国号を「韓国」から「朝鮮」とした（韓国併合）。1919年には多くの朝鮮人が参加した「3・1独立運動」が勃発し、植民地支配からの独立を叫んだ。これに対して、日本は一貫して朝鮮の独立を否定し、この運動を徹底的に弾圧した。その後も日本は国内外で継続する朝鮮人の独立運動を取り締まるとともに、その支配に順応する「協力者」としての朝鮮人の育成に腐心した。

　植民地期を通して、朝鮮から多くの人々が北海道に渡った。とくに、日本が中国そして米英らの連合国と泥沼の戦争を続けることになった1930年代後半から1945年までに、軍人・軍属として、労働者として、そして「慰安婦」として、朝鮮人が北海道に渡った。それらの戦時動員は本人たちの意に反して、戦争協力を強要されたものであり、「強制連行」と呼ぶにふさわしかった。

　1999年に刊行された『北海道と朝鮮人労働者　朝鮮人強制連行実態調査報告書』によると、後述する「労務動員計画」に基づいて1939年から1945年までに朝鮮から日本に移入した朝鮮人の数は約70万人である。労働現場は炭鉱、鉱山、土建事業所（鉄道、道路、港湾、河川、発電所、飛行場など）そして鉄鋼業、造船、セメント、化学工業、運輸業の工場などであった。北海道はそれらの軍需産業の現場が多数あったことから、動員された朝鮮人の数も14～15万人に達した。じつに日本に動員された数の約2割を占めており、過酷な体験をした朝鮮人も多かった。当時は北海道のみならず、千島列島や樺太（現・サハリン）にも労働現場があり、1944年に樺太の炭鉱が閉鎖されると、朝鮮人約3000人が日本本土で再徴用（「二重徴用」）されることもあった。

　北原道子『北方部隊の朝鮮人兵士』によると、北海道、千島列島、樺太に動員された朝鮮人兵士は1745人であった。とくに戦争末期にソ連軍が侵攻した樺太と千島列島の部隊は対ソ戦を経験し、戦後シベリアもしくはサハリンに抑留された。先述の労働現場も同様であるが、軍隊内の朝鮮人差別も存在した。

　金優綺「北海道における朝鮮人強制連行・強制労働と企業『慰安所』」によると、1920年代以降、北海道の炭鉱地帯を中心に「朝鮮料理屋」が流入し、1930年代には都市部に広がった。そして、1939年10月、北海道石炭鉱業会の要望に応えた北海道庁は、「朝鮮料理屋」の炭鉱地帯への移設方針を示したことで、北海道炭鉱汽船（北炭）らの企業がつぎつぎと「慰安所」を開設し、炭鉱労働者を相手として、朝鮮人女性に「性的慰安」をさせていた。日本軍のみならず、日本企業も「慰安所」を開設していたのである。

　このように日本は朝鮮植民地支配を通して、多くの朝鮮人の人権を抑圧した。とくに、戦時強制動員による朝鮮人に対する人権侵害の問題が注目されながら、現在に至るまで根本的に解決していない。今日の植民地支配に対する責任の問題を考えるとき、しばしば政治・外交問題として理解されがちであるが、これが何よりも人権問題であるということを忘れてはならない。

2　日韓国交正常化により置き去りにされた被害者の人権

　1945年の日本の敗戦は、ポツダム宣言を受諾したことにより、朝鮮の解放をもたらした。しかしながら、北緯38度線を境に米ソ両軍が進駐し、冷戦が深化する過程で朝鮮の独立は南北分断（大韓民国〔韓国〕と朝鮮民主主義人民共和国〔北朝鮮〕）という新たな悲劇をもたらした。朝鮮が敗戦国日本の植民地であったことも分断要因の一つであった。民族分断は1950年から1953年までの朝鮮戦争でいっそう深まった。この戦争では南北朝鮮の人口の1割以上に相当する350万人以上が犠牲となった。

　その朝鮮戦争のさなかに、日本は連合国とサンフランシスコ講和条約を締結するとともに、朝鮮との国交正常化交渉を始めるのだが、米国の斡旋により、韓国との関係正常化を優先した。日韓国交正常化交渉（日韓会談）は1951年10

月から予備談談、1952年2月から本会談を開催した。この交渉は何度も中断しながら、1965年6月に日韓基本条約および諸協定の締結にこぎ着け、同年12月に両国が批准書を交換して終結した。

　日韓基本条約第2条には「千九百十年八月二十二日以前に大日本帝国と大韓帝国との間で締結されたすべての条約及び協定は、もはや無効であることが確認される」という条文がある。この条文をめぐる議論で、韓国側は植民地支配が不法かつ不当なものであったことを示すために、1910年の韓国併合以前に日韓間で締結されたすべての条約および協定が「無効（null and void）」であると提案した。これに対して、日本側は植民地支配が合法かつ正当なものであったと考えていたため、「もはや無効（already null and void）」を提案した。この条文は双方の立場を反映して、お互いに自らの植民地支配認識に即して解釈している。

　日韓請求権協定をめぐる議論では、このような日韓双方の立場の違いが露骨に現れた。韓国側は解放直後からの調査を元にして、対日請求要綱を示した。この請求項目には「朝鮮銀行を通じて搬出された地金と地銀の返還」などとともに、郵便貯金、国債、生命保険など、さらに有価証券、日本系通貨、被徴用韓人未収金（未払金）、恩給などの個人請求権が含まれていた。これに対して、日本側は韓国側の請求に誠意をもって応じるどころか、逆に植民地朝鮮に残した日本人の私有財産を請求して、相互の請求の相殺を目指した。しかし、この日本側の請求はサンフランシスコ講和条約第4条b項の規定に照らして、本来主張できないものであった。

　さらに、日本側の首席代表はしばしば植民地支配が朝鮮に恩恵をもたらしたとする「植民地支配施恵論」の立場から発言し、韓国側代表の怒りを買った。1953年10月15日に日本側の久保田貫一郎首席代表は「ハゲ山を緑にしたこと、鉄道を敷いたこと、港湾を建設したこと、米田を造成したこと、大蔵省のお金を多い年は二千万円、少い年でも一千万円も持ち出して韓国経済を培養した」、「日本人の経済援助なくしては韓国経済は培養できなかった」（外務省公開文書『再開日韓交渉議事要録　請求権部会第二回』文書番号174）などと発言した。また、1965年1月7日の記者会見で、日本側の高杉晋一首席代表は、「日本が

後二十年朝鮮をもっていたらよかった。植民地にした、植民地にしたという
が、日本はいいことをやった。よくするために努力したが、戦争に負けたので
努力がムダになった」（アカハタ1965年１月10日付）などと発言した。日本側の認
識は交渉が妥結するまでに、根本的に改まることはなかった。

　このように、植民地支配をめぐる日韓双方の立場は相当に隔たりがあった。
日韓会談において、韓国側の請求項目について議論されたのは14年間続いた交
渉のうち、わずか１年程度にすぎなかった。日本側は植民地支配が合法であっ
たという前提で、韓国側の請求のうち、法的根拠があるもののみを認めるとい
う立場であった。そのため、請求権交渉で韓国側が主張したものは、被害者と
して主張する慰謝料ではなく、貯金、保険金、未払金などの債権であった。た
だし、その中で注目されるのは、「戦争による被徴用者の被害に対する補償」
という項目であろう。この項目もまた、日本の戦死者、戦傷病者、生存者への
補償措置を参考に算定したものであり、植民地支配を合法とする日本側の認識
を踏まえたものであった。つまり、請求権交渉で実際に話し合われたものは、
「領土の分離分割から生じる財政上および民事上の請求権の解決」（大韓民国政
府『韓日会談白書』）であった。

　しかしながら、その議論が十分に尽くされないまま、この問題は日本が韓国
に対して経済協力を実施することで決着してしまったのである。日韓国交正常
化当時の韓国政府は国内向けの説明として、日本からの経済協力を「請求権の
対価」であると説明した。しかし、日本政府は国会で韓国への経済協力につい
て、植民地支配に対する賠償でもなく、韓国側の請求権への対価でもなく、
「純粋な経済協力」であり、「独立祝賀金」などと説明したのである。

　日韓請求権協定の前文は、日本が東南アジア諸国と締結した賠償協定とは異
なり、「請求権に関する問題を解決すること」と「経済協力を増進すること」
が併記されており、両者に関連がないことを示している。第１条で無償３億ド
ル、有償２億ドルに相当する「日本国の生産物および日本人の役務」による経
済協力が「大韓民国の経済の発展に役立つものでなければならない」としてい
る。そして、第２条第１項に、両締約国およびその国民（法人を含む）の財
産、権利および利益並びに請求権に関する問題が「完全かつ最終的に解決され

たこととなる」と明記された。

　日本政府はこの協定をもって、植民地支配に関連する韓国人の被害者からの請求が一切できなくなったと考えている。しかしながら、第一にこの協定で解決された請求権はあくまで政府として主張する外交保護権であると考えられる。韓国人個人の請求権はこの協定によって消滅しないという考えは、日韓両国の政府ばかりでなく、司法によっても共有されている。第二に、先述の通り、この協定は植民地期の法律関係を前提に、日本政府がその法的根拠を認める請求が対象であったと考えられる。すなわち、植民地支配という加害行為に対する被害者の権利としての謝罪や賠償の要求は、この協定の対象外であると解釈できる余地を残すものであった。このように、植民地支配認識をめぐる日韓間の隔たりが解消していないという点が、この協定の解釈に影を落としている。

　1965年の日韓国交正常化は米国を頂点とする東アジアの自由主義圏の結束を強化し、ソ連、中華人民共和国、北朝鮮らの共産主義圏と対決するという冷戦論理が優先され、日韓間の諸懸案の多くは先送りされた。日本から植民地支配に対する謝罪の言葉はなく、韓国への経済協力は文字通り韓国経済を支援するために使用された。その結果、植民地支配の被害者の人権回復という重大な課題が置き去りにされてしまったのである。

3　「1965年体制」を克服するために

　日韓国交正常化後に韓国政府が実施した国内補償は、戦死者への弔慰金と財産補償に限定された。すなわち、生存する被害者への補償はまったくなされなかった。韓国政府もまた、軍人出身の大統領の下で、経済開発を優先して、被害者の声を抑圧し続けていた。しかしながら、日韓国交正常化を契機として、植民地支配を経験した朝鮮の歴史を掘り起こし、植民地支配に対する日本人の責任を問う動きが日本の全国各地で始まった。その先鞭をつけたのは、植民地支配の結果日本に住むことになった在日朝鮮人たちであり、彼らの歴史を知ろうとする日本人たちであった。北海道でも1972年に朝鮮人強制連行真相調査団

が結成され、1974年に『朝鮮人強制連行強制労働の歴史——北海道・千島・樺太編』（現代史出版会）を刊行した。また、1976年に結成された「空知民衆史を語る会」など、北海道各地の民衆史研究団体による地道な調査が行われた。これらの調査は、政府、地方自治体、大学などの機関よりも、一般市民が率先して取り組んだのである。

　1987年に韓国で民主化が実現すると、被害者たちによる運動はようやく公論化した。とくに1990年以降に日本、韓国、米国などで日本政府や企業などの責任を問う訴訟が増え始めた。日本における訴訟の原告は、労働者、サハリン残留韓国人、原爆被爆者、軍人・軍属（とりわけBC級戦犯）、日本軍「慰安婦」、女子勤労挺身隊、シベリア抑留韓国人など、様々であった。日本の敗戦から45年以上経ってから、被害者たちは韓国や日本をはじめとする多くの支援者とともに、自らの被害を訴えることができたのである。

　日本での訴訟の多くは時効、除斥期間、1947年の国家賠償法施行以前の行為で国が賠償責任を負わないとする国家無答責などの理由で、原告が敗訴してきた。1995年8月15日に発表した村山富市首相（当時）による談話で、「わが国は、遠くない過去の一時期、国策を誤り、戦争への道を歩んで国民を存亡の危機に陥れ、植民地支配と侵略によって、多くの国々、とりわけアジア諸国の人々に対して多大の損害と苦痛を与えました」と表明したものの、植民地支配が合法であり、日韓請求権協定で「完全かつ最終的に解決された」という日本政府の立場は変わらなかった。それでも、村山政権のときに、日本軍「慰安婦」被害者に「首相のお詫びの手紙」とともに、慰労金や医療支援金を支給した「アジア女性基金」が設立されたり、日本製鉄や不二越などの日本企業などと原告との間で和解が成立したりするなど、植民地支配による被害者の損害や苦痛を認める事例が現れた。

　ところが、2000年代になると、韓国人被害者を原告とする訴訟は日韓請求権協定を理由に相次いで棄却されるようになった。そこで、2004年に強制動員被害者および遺族ら100人が外交通商部を相手に日韓会談関連外交文書の開示を要求した。この裁判でソウル行政法院が訴えを一部認容したことをうけて、韓国政府が関連文書の全面開示を決定した。その結果、2005年8月までに韓国政

府は外交通商部が管理する関連文書を全面開示するとともに、公開後の措置を検討する民官共同委員会を開催し、同年8月26日にその見解を公表した。同委員会は、日韓請求権協定が「日本の植民地支配賠償を請求するためのものではなく、サンフランシスコ条約第4条に基づく韓日両国間の財政的・民事的債権債務関係を解決するためのものであった」とした上で、「日本軍慰安婦問題等、日本政府・軍等の国家権力が関与した反人道的不法行為については、請求権協定により解決されたものとみることはできず、日本政府の法的責任が残っている」（「国務調整室　報道資料　仮訳」）と明らかにしたのである。この判断は、日韓請求権協定を否定するものではなく、その慎重な検討を経た解釈として示されたものであった。

　以後、韓国の裁判所では日本軍「慰安婦」問題をはじめとして、日本企業に戦時強制動員された被害者についても、日本の国家権力が関与した反人道的不法行為の被害に対する慰謝料などの請求が認められることになった。2018年10月30日に韓国の最高裁判所にあたる大法院で、新日鐵住金（現・日本製鉄）を被告とする強制動員被害者4人の原告が主張した「強制動員慰謝料請求権」を認定し、被告に対して原告一人当たり1億ウォン（約1000万円）の賠償支払いを命じたのである。

　この判決は民主化以後の韓国政府が2004年に設置した日帝強占下強制動員被害真相究明委員会などの活動もさることながら、被害者とその遺族、さらに韓国そして日本などの市民たちによって粘り強く続いてきた植民地支配下の朝鮮人の被害調査、そしてその人権回復のための運動の成果であった。とくに、北海道では1994年に「強制連行実態調査委員会」が組織され、1999年に先述の調査報告書をまとめるに至った。また、1997年から朱鞠内で始まった日韓共同ワークショップ（2001年より東アジア共同ワークショップ）は被害者の遺骨を掘り起こし奉還する作業を起点として、日韓、在日、アイヌ、そして東アジアの市民、とりわけ若者たちが集い、語り合う場を作ってきた（殿平 2004）（コラム③参照）。これらの取り組みが国境を越えた市民社会を着実に形成し、さらにその基盤を固くしているといえよう。

　1991年1月から始まった日本と北朝鮮との国交正常化交渉（日朝交渉）は

2002年9月の平壌における日朝首脳会談で、金正日国防委員長が日本人拉致の事実を認定して以後、日本側が「拉致問題の解決なくして、日朝国交なし」という姿勢を頑なに維持することで、北朝鮮に在住する強制動員被害者とその遺族の人権問題をすっかり遠ざけてしまっている。しかしながら、この交渉でも植民地支配をめぐる問題が重要な議題である。

　中断されている日朝交渉が再開されるとすれば、先述の2018年の韓国大法院判決で示されたような、植民地支配の被害者たちが要求する謝罪、人権回復のための賠償、そして再発防止のための教育、記念事業の必要性などが考慮されなければならない。北海道の市民たちはまさにその問題を今日まで実践してきたことを改めて想起したい。そして、植民地支配の歴史を克服して、平和を創造するためにできることについて、21世紀に生きる一人ひとりの問題として、この問題を考えていくことを、切に求めたい。

〔参考・引用文献〕

朝鮮人強制連行実態調査報告書編集委員会・札幌学院大学北海道委託調査報告書編集室編、1993、『北海道と朝鮮人労働者——朝鮮人強制連行実態報告書』札幌学院大学生活協同組合

北原道子、2014、『北方部隊の朝鮮人兵士——日本軍に動員された植民地の若者たち』現代企画室

金優綺、2016、「北海道における朝鮮人強制連行・強制労働と企業『慰安所』」『大原社会問題研究所雑誌』687号

池炫周,直美、2014、「故郷は遠きにありて——サハリン韓人永住帰国事業を中心に」『年報公共政策学』8号

吉澤文寿、2015、『日韓会談1965　戦後日韓関係の原点を検証する』高文研

殿平善彦、2004、『若者たちの東アジア宣言——朱鞠内に集う日・韓・在日・アイヌ』かもがわ出版

殿平善彦、2013、『遺骨——語りかける命の痕跡』かもがわ出版

竹内康人、2020、『韓国徴用工とは何か（岩波ブックレット No.1017）』岩波書店

山本晴太他、2019、『徴用工裁判と日韓請求権協定——韓国大法院判決を読み解く』現代人文社

「法律事務所の資料棚アーカイブ」（山本晴太弁護士）http://justice.skr.jp/

【吉澤文寿】

コラム③　死者の声を聞く——朱鞠内「強制労働犠牲者歴史資料館」の再生を

1　ダム工事・鉄道工事の犠牲者

　アジア太平洋戦争下の1938年から43年まで、北海道朱鞠内の雨龍川上流で巨大な発電用ダム建設が行われた。三井傘下の王子製紙の資本で建設された雨龍ダムである。元請けは飛島組（現・飛島建設）である。6年間の工事期間に数千人の日本人と少なくとも3000人の朝鮮人が働かされた。並行して行われた鉄道工事と合わせて日本人と朝鮮人約250人が犠牲になった。少なくない死者たちが朱鞠内の山中に埋められ、戦後も顧みられることはなかった。

　埋もれた死者に気づいたのは1976年秋である。タコ部屋の重労働や虐待を記憶していた地元の古老が私たちを埋葬現場に連れて行った。そこは熊笹に覆われた私有地だった。

　1980年5月、笹やぶの下から初めての遺骸発掘が取り組まれた。北海道の各地から100人余の参加者があった。現場の笹を刈るとペコンと引っ込んだ場所があちこちにある。そこに死者が入っているという。スコップを手にした参加者が発掘を続ける。「あった！」と声が飛ぶ。1m以上も掘った穴の底の真っ黒な雪どけ水に差し込まれた手が引き上げたのは赤黒く変色した頭蓋骨だ。虚ろな眼窩が虚空をにらむ。命を奪われ、告げるべき声を奪われた死者は何を語るのだろうか。

2　遺骨を遺族に届けたい

　その後も各地で強制労働を強いられた死者の発掘を試みた。仏教寺院の納骨堂に置かれ続けた遺骨も発見した。彼ら死者には故郷があるはずだ。妻や子どもがいたかもしれない。町役場の「埋火葬認許証」や寺院の「過去帳」などの調査で故郷の所在が判明する。日本人遺族の調査が進み、何人もの遺族と連絡が取れた。朱鞠内まで遺骨を引き取りに来てくださる遺族もいた。

　朝鮮半島出身者の本籍地も判明したが、韓国人遺族への連絡は難渋した。私たちは1982年から数度にわたって遺族を探しに韓国に出かけた。忠清北道の農村に遺族を探し当てた時、私は遺族の激しい怒りに突き当たった。日本の植民地とされた朝鮮半島から強制的に連行され重労働を強いられた若者は死者となり、遺骨は帰ることなく30年以上も放置されたのだ。遺族は訪ねていった私に補償も謝罪もないと怒りの声を浴びせた。死者の声を聞こうとしながら聞き得なかった私は遺族に出会うことで、遺族を通して死者の声を聞いた。戦争と植民地支配を続けた国家と使役した企業は遺族に謝罪し、補償を届ける責任がある。しかし戦後の日本は朝鮮人遺族の存在を無視し続けた。僧侶である私にできることは限られているが、せめて遺族に死者の遺骨を届けられたらと考えた。そのことを告げると、遺族は遺骨を受け取るが補償をしてほしいと求めた。連行された後の家族の労苦は並大抵ではなかっただろう。初めて現れた日本人の私に、遺骨は補償を伴って返してほしいというのは当然の要求だ。しかし、私は政府でもないし企業を代表してもいない。ただの仏教僧侶にすぎない。できる限りの言葉で謝罪したが、それで遺族が満足するはずもない。遺骨を受け取ってくれるかどうか、はっきりとはわからないまま韓国の僧侶の手引きで遺骨奉還の準備が進められた。

3　天安・望郷の丘の埋葬

　1992年春、遺骨奉持団を結成した私たちは2体の遺骨を奉持して韓国に渡った。遺骨は天安市郊外の国立墓地「望郷の丘」に埋葬することに決まった。そこに遺族が来てくださるかどうかは判然としなかった。3月1日、私たちは遺骨を抱いて早朝、ソウルのホテルからバスに乗り込んだ。遺族には来てもらえないと覚悟していた。朝靄の中、バスを降りた。私たちを待つ人々の中に遺族の姿をみつけた。ああ、来てくださったのだ、重い気分が消えた。しかし、私の胸の緊張の糸は張ったままだ。遺族の顔にも笑顔はない。これから何が起きようとしているのかもわからない。韓国曹渓宗僧侶の読経、私たち日本僧侶もお経を読む。あらかじめ用意されたお墓に2体のご遺骨が埋葬される。その時韓国太平洋戦争犠牲者遺族会の女性が泣き出した。「アイゴー、私の父親の遺骨も届けてほしい、父親の遺骨はどこにあるのだ……」。緊張はさらに高まった。

　すべてが終了すると昼近くなった。韓国の友人たちが昼食会場を用意してくれていた。私たちと遺族も招かれた。韓国焼酎で乾杯になった。遺族の顔に笑顔が浮かんでいる。遺族が「遺骨を届けてくれて嬉しかった。心からお礼を言いたい」と告げる顔に涙が滲んでいる。その瞬間、空気が変化した。ふわっと柔らかくなった。一気に和やかな食事会になった。

　私はいま遺族の笑顔の前にいる。日本政府も企業も死者への責任を果たしてはいない。その実現への努力は引き続き求められる。しかし、遺骨を届けることを通して、ささやかだが、確かな心の通い合いが生み出された。遺骨となって故郷に帰った死者が遺族の笑顔となって食事会を包んでくれた、そう納得した一瞬だった。この遺骨返還をスタートとして、何度か韓国の遺族への遺骨返還を試みた。そのたびに小さいが、確かな歴史和解が韓国の人々と私たちの間で生まれ育っていく経験をした。2015年9月には遺族のみつからない遺骨も含めて115体の朝鮮人犠牲者の遺骨を韓国に届けた。

4　倒壊した資料館を再生したい

　雨龍ダムの近くに1934年に創建されたた光顕寺本堂がある。創建されたばかりの光顕寺に、ダム工事の犠牲者が運び込まれ、その後、山中に埋葬されたのだ。寺には犠牲者の位牌が残された。強制労働の歴史を現在に残す唯一の建物だった。檀家の減少で取り壊しが検討されていた本堂を私たちが引き受け、1995年に「笹の墓標展示館」と名付けて強制労働の歴史を展示して公開した。2019年冬、2mを超える雪に耐えかねて本堂が傾き、倒壊した。

　今も日本と東アジアとの歴史和解は成立していない。日本国内には植民地主義の闇が漂い、ヘイトスピーチが止まない。過去を歪曲しようとする歴史修正主義も少なくない。強制労働犠牲者の位牌や遺骨を安置する展示館をここで失うわけにはいかない。再建を決意して「笹の墓標展示館再生・和解と平和の森を創る実行委員会」（https://sasanobohyo.com）が発足した。2022年秋の完成を目指して展示館再生の募金活動が進められている。目標は3000万円。あなたにもぜひ力を貸していただきたい。

【殿平善彦】

第12章　北海道を脱植民地化する

　この法律に私が受けた印象は、「アイヌよ、踊りなさい、アイヌ語を学びなさい、ア
ッシを作りなさい、木彫りをしなさい、アイヌでない人も同様にしていいのですよ。
そのためのお金は出しますよ。そのかわり抵抗運動はしないでくださいね」と語りか
けているようにも見える不思議な法でした。
　この法の成立で牙を抜いたと思っているのだろうか。
　この大きな島に数百年に渡り先住の民に対して行われた残虐非道な歴史をこそ広める
べきではないのか、二度と繰り返されないための証として…。（戸塚　2003：244-245）

1　まず相手の声を聴くことから

　「聴く耳」をもつこと。相手の声を聴いて、その思いを受けとめること。そ
してその言葉の背景には、どんな人生があり、どんな歴史が広がっているのか
を想像できるようになること。それはその相手との間で平和な関係をつくる大
切な条件となるだろう。とくにこの章のテーマである、脱植民地化（植民地状
況を解消すること）を進めるためには。なぜなら植民地主義とは、聴く耳のな
い、一方的な支配関係だからである。植民地主義により行われてきたのは、自
分たちとは異なった人たちが住む土地に、何の断りもなく入り込み、一方的に
こちらの都合を押しつけて、相手を抑え込み、その人たちから土地や資源や文
化を奪い取るということである。さらにその土地の改変、汚染、破壊も行う。
そのような一方的な関係を変えるためには、まず相手を尊重し、その声を聴く
ことが、小さな、しかし重要な一歩となるだろう。
　冒頭の言葉を述べたのはアイヌの詩人・戸塚美波子さんである。私はこの言
葉を前にして、居住まいを正す思いがした。「この法律」とは1997年制定の
「アイヌ文化振興法」を指すが、2019年には「アイヌ施策推進法」へと置き換

わった。しかし戸塚さんが疑問符を突き付けた状況はどれほど変わったのだろうか。

2　植民地化の「歴史」を知る

　アイヌ民族は、自らが住む地域を「アイヌモシリ（人間の静かな大地）」と呼んだ。それは樺太（サハリン）―カムチャツカ―千島（クリル）諸島―「北海道」―本州東北地方にかけての広大な範囲である。徳川幕府が「蝦夷地」などと呼んだ土地は、アイヌ語で「ヤウンモシリ（陸の大地）」とも呼ばれる。

　江戸時代における松前藩の支配下で、ヤウンモシリの海岸部に敷かれた商場知行制および場所請負制によって、アイヌ男性は強制労働に駆り立てられ、女性は和人の性暴力にさらされた。松前藩の圧政に抵抗の狼煙（のろし）を上げたシャクシャインたちは不当なやり方で抑え込まれた。しかしまだ内陸部にまでは和人支配は及ばなかった。この地がアイヌ民族に何の相談もなく、「北海道」と命名されたのは、1869（明治2）年のことであった。

　「1869年（明治2年）：明治政府「蝦夷地」を北海道と命名、開拓使を設置」——「和人」の歴史教科書では、この程度の記述で終わってしまう年号は、「北海道開拓」と称する植民地化の始まりであり、これ以後アイヌ民族の運命が大きく変えられる転換点となった。

　　日本政府は、先住民であるアイヌとの間になんの交渉もなくアイヌモシリ全土を持主なき土地として一方的に領土に組み入れ、また、帝政ロシアとの間に千島・樺太交換条約を締結して樺太および北千島のアイヌの安住の地を強制的に棄てさせたのである。
　　土地も森も海も奪われ、鹿をとれば密猟、鮭をとれば密漁、薪をとれば盗伐とされ、一方、和人移民が洪水のように流れこみ、すさまじい乱開発が始まり、アイヌ民族はまさに生存そのものを脅かされるにいたった。
　　アイヌは、給与地にしばられて居住の自由、農業以外の職業を選択する自由をせばめられ、教育においては民族固有の言語もうばわれ、差別と偏見を基調にした「同化」政策によって民族の尊厳は踏みにじられた。[1]

　これは平取町二風谷の貝澤正さんらが起草し、1984年の社団法人北海道ウタリ協会総会で可決された「アイヌ民族に関する法律（案）」の「本法を制定する理由」からの引用である。この「理由」を執筆したのが、浦河町杵臼出身の小川隆吉さんである（小川2015：133）。

　強制移住にはこのような例があった。開拓長官・黒田清隆は1875年の千島・樺太交換条約締結の後、樺太アイヌ約800名を石狩川沿いの対雁（現・江別市）に強制移住させた。慣れない土地に密集して住まわされたため、伝染病が蔓延し約半数が命を落とした。また日高地方新冠に住むアイヌは、宮内省所管の「御料牧場」設置のため土地を追われ、1916年に険しい山道を歩いて越え、より厳しい条件の上貫気別にまで移住させられた。

　これらの植民地化の「歴史」が相手にどれほどの苦難と痛みを引き起こしたか、自分がその立場だったならと想像できるだろうか？

3　大学の植民地責任

　植民地状況を背景とした「学者」によるアイヌ民族からの収奪の中でも、先祖の遺骨の問題は深刻である。浦河町杵臼コタン出身で、自身の先祖の遺骨を北海道大学（以下、北大）の研究者に奪われた城野口ユリさんは、2012年11月に札幌地裁の法廷で北大に対しこう問いかけ、訴えた。

　なぜ、どういう理由で北大はアイヌに無断でお墓を掘り起こしたのですか？　そのお骨を、北大はどのように使ったのですか？　遺骨が眠っていた杵臼コタンの墓地に、遺骨を元通りに戻してほしいのです。（北大開示文書研究会2016：192-193）

　北大医学部の解剖学者であり形質人類学者の児玉作左衛門、山崎春雄らは1930年代から70年代にかけて、北海道、樺太、千島列島のアイヌ墓地から千体を超える遺骨と副葬品を掘り出し、大学に持ち去った。人種主義的な考え方に基づく擬似科学的研究の「標本」とするためであった。遺族の承諾を得ずに遺骨の発掘が行われたとの証言は城野口さん以外からも出ている（例えば、萱野茂さんの証言―現代企画室編集部1988：86）。これは遺族にとって盗掘である。

「研究」終了後も、遺族・地域に返還されることなく、北大医学部の一室に人間としての尊厳を損なう形で置かれたままとなっていた。これに対するアイヌ民族からの抗議の声を受け、1984年に「アイヌ納骨堂」が建設され、移された。その後の北大側の対応はアイヌの遺族の声に聴く耳をもたないもので、北大には対話の意志がないことを痛感した城野口ユリさん、小川隆吉さんらは、2012年に北大を相手に札幌地裁に遺骨返還訴訟を起こした。4年後に和解が成立し、杵臼に遺骨は再埋葬された。が、前年に城野口さんはすでに亡くなっており、祖先の帰郷を見届けることはかなわなかった。

　北大をはじめとする全国12大学に「収蔵」されてきたアイヌ遺骨のうち、返還要求のあるもの以外は、白老の「民族共生象徴空間」内に設けられた「慰霊施設」へと2019年11月に移送集約された。実は白老から発掘された遺骨は一体もない。遺骨は眠っていたもとの土に戻すのが道理である。それと共に大学側は、過去の非倫理的な「収集」と、その後の尊厳を欠いた管理および遺族への不誠実な対応にまず謝罪をすべきである。また、白老に集約された遺骨を、現代の形質人類学者がDNA解析の研究対象として利用する可能性がある。本人と遺族の承諾を得ず収集された遺骨を研究に用いることは、倫理上許されない。現代の研究者は今後の「研究倫理指針」を定めるだけではなく、過去の非倫理的な問題を解決すべきである。その際アイヌの多様な声（とくに直接の当事者であるコタンの子孫の声）に耳を傾けて、率直に語り合う対話の場を開き、対応策を一緒に考えることが重要である[2]。研究者は研究者である前に人間である。大学の研究者が問われているのは、もし自分が相手の立場だったならと想像できる人間的な倫理性である。

　大学と研究者、学生は、もう一方の当事者として、大学がかかわった植民地主義の歴史を掘り起こし、残された問題の解決に取り組むべきである。筆者が勤務する北海道大学を筆頭に、北海道の大学はこの大地（モシリ）の植民地化を進める側であり続けた。日本で初めての「植民学講座」が開かれたのは北海道大学の前身の札幌農学校であり、新渡戸稲造（にとべいなぞう）は植民学者でもあった。脱植民地化とは、大学にいる「私たち」の課題でもあるのだ。

4　〈アイヌ文化〉の影に隠される歴史と先住権

　「北海道」の植民地化に対し、アイヌ民族の側も多様な形で民族性の表明、異議申し立て、抵抗と権利回復の動きを起こしてきた。その中の里程標の一つが、前述の「アイヌ民族に関する法律（案）」である。そこには以下の6条が含まれていた：基本的人権、参政権、教育・文化、農業漁業林業商工業等、民族自立化基金、審議機関。北海道ウタリ協会（当時）はこの立法化を求め、まず北海道のレベルで検討が行われた。この段階では、アイヌ民族代表議席の要求と産業振興の条項を除き、この法律案に沿った立法措置が国に要請された。

　しかし国のレベルになるとアイヌ民族のメンバーを一人も含まない「ウタリ対策のあり方に関する有識者懇談会」で検討が行われ、その報告書に基づき「アイヌ文化振興法」が成立した。ここで「法律（案）」の6条は、そのうちの1条「文化・教育」のさらに半分である「文化」にまで切り詰められてしまった。「アイヌ文化振興法」の「アイヌ文化とは、アイヌ語並びにアイヌにおいて継承されてきた音楽、舞踊、工芸その他の文化的所産及びこれらから発展した文化的所産」である。

　冒頭の戸塚美波子さんの言葉はこの法を批判したものである。また「法律（案）」の起草者の一人小川隆吉さんは「骨抜きの法律」（小川2015：132）にされてしまったと嘆いている。

　この法律の成立で〈アイヌ文化〉なる語が流布することになった。またアイヌにかかわる事柄を、国家が定義する〈アイヌ文化〉に切り詰めて、国家とそれに連なる機関が管理・支配を行う体制が成立した。これをここでは「〈アイヌ文化〉レジーム」と呼ぶ。ここで光が当たる〈アイヌ文化〉だけをみるのではなく、その影に何が隠されるかをも見抜くことが大事である。

　筆者は「文化人類学者」であるが、その立場から言ってもこの〈アイヌ文化〉の定義は狭い。文化人類学で「文化」とは、人類が多様な自然環境との関わりの中で育んできた、多様な暮らしのあり方であり、自然・環境・土地および生業と結びついたものとして広く理解される。だから文化は、博物館や教室

の中に閉じ込められず、その土地で実践されてこそいのちが吹き込まれる。しかしこのレジームの〈アイヌ文化〉は土地と暮らしから切り離されている。

　2019年成立の「アイヌ施策推進法」ではアイヌが「日本列島北部周辺、とりわけ北海道の先住民族」とされた。またアイヌ文化の定義に「生活様式」が加えられ、アイヌに対する差別を禁止する条項が盛り込まれた。これらは一定の前進である。しかし脱植民地化の観点から新法を検討するとどうだろうか。

5　先住権を回復する

　脱植民地化とは、一方的な支配と収奪の植民地主義的状況を解消することである。先住民族との関わりでは、植民地化の過程で先住民族が奪われた権利である先住権を回復することが重要である。

　世界的なレベルでは先住民族の権利回復の気運は高い。その成果として2007年に国連で「先住民族権利宣言（UNDRIP）」が採択され、日本もこれに賛同した。その前文で、「先住民族は、とりわけ植民地化され、またその土地・領域・資源が奪われたために諸々の歴史的不正義によって苦しんできた」と明記された。さらに、宣言の本文には、先住民族の土地・領域、生業、資源、言語・文化、遺骨返還などに関する権利である先住権が詳細に規定されている。つまりこの宣言で明確にされたのは、先住民族とは、ある土地が植民地化された時点で、そこにすでに住んでいた人たちとする定義であり、さらに「先住民族」の認定は、植民地化の歴史の認識と、その中で奪われた先住権の回復と切り離せないということである。

　だが2019年の「アイヌ施策推進法」には先住権が抜け落ちている。この法律でアイヌが「先住民族」と認定されたが、そこに先住権の規定が欠けている以上、それは半分だけの先住民族認定と言わざるを得ない。新法に加わった「アイヌ施策推進地域計画」は林業・漁業の分野にもかかわるが、その実施主体はアイヌの集団ではなく市町村であり、先住権としての生業の回復には該当しない。これに対し、十勝郡浦幌町のラポロアイヌネイションが、先住権としての川でのサケ捕獲権確認を求めて、国と道を相手に2020年に起こした裁判の行方

が注目される。

　日本で先住権の否認を正当化するために用いられるのが日本国憲法である。「国民」の「個人としての尊重」（第13条）と「法の下での平等」（第14条）の条文が、アイヌの集団としての先住権を認めない根拠とされる。ここで歴史を踏まえなければならない。アイヌモシリは国家によって植民地化され、アイヌは集団としてその権利が奪われ、「国民」とされた。その歴史の帰結として北海道に日本国憲法が施行されることになった。一方、先住権は国家によって植民地化される以前の権利であり、国家の基本法である憲法の外部に位置づけられる。憲法をもって先住権を否認することは、植民地主義の継続に与することになる。憲法の当該条項の精神を尊重しつつも、先住権の回復と脱植民地化のために、国家＝憲法の外部に出る多角的な思考が必要である。

　先住権の回復を積極的に実現していくために、先住権の主体となる集団は何か、が核心的な問いとなる。アイヌは中央集権的な国家を形成せず、コタンを単位とする分散型の社会を形成してきた。だからまずコタンが先住権の集団としての主体と考えられる（北大開示文書研究会 2020）。これに加えて、複数のコタンを含む川筋の集団はどう位置づけられるか、今日の都市に暮らすアイヌの先住権はどうかなどの問題を、史料に基づきながらも、現代の当事者を主体に広範に議論することがこれからの課題であろう。

6　大地とつながり直す

```
大地よ　　　　アンコロ　モシリ
重たかったか　エセトゥル　パセ　ア？
痛かったか　　エイユニン　カシパ　ア？
```

（宇梶 2020：1, 3）

　2011年に起きた東日本大震災の一週間後に、宇梶静江さんは「天から降るように、あの言葉たち」（宇梶 2020：351）を受けとりしたためた。ここに引いたのは、その詩「大地よ（アンコロ モシリ）」の冒頭である。大地はたんなる地理的な範囲ではなく、人間が語りかけ、また人間に語りかける生きた存在であ

る。人間と変わらず意識と感情があり、痛みを感じ、生きとし生けるものを見守り、育んでくれる。逆に人間の側も大地を敬い、祈りと供物を捧げ、汚さず、清浄に保って子孫へと受け継ぐ。かくして大地と人間は一体不可分であった。生きている大地の中で人間も生かされてきた。しかしチカップ美恵子さんが「人は、この大地が生きているということを忘れ去ったのであろうか」と問う変化が生じる（チカップ 1991：119）。

　歴史をふり返ると、その変化の端緒は18世紀の半ばにイギリスで起こった「産業革命」に遡る。工場で商品を大量に生産し、資本家が「経済成長」を追求し始めるや、西洋列強は原料や労働力を求めて海外で植民地獲得競争を繰り広げるようになる。工業化の進展の中で、自然はもはや生きた主体ではなく、人間が思い通りに所有し、科学技術によって支配し、「開発」して資源を持ち去る客体にまで切り詰められることになった。人間は自らを「自然」から切り離して、「自然」から離れるほど「文明」が進むとみなした。これが「近代文明」の基本的な前提である。植民地化されたのは「自然」だともいえる。明治になって日本はこの「近代文明」に参入した。このグローバルな歴史の過程の中で、アイヌモシリの植民地化も行われたのである。

　しかし人類もまた自然の中から生まれた存在であり、その一部なのだから、自然に対する暴力は必ず自らに返ってくる。近代化の過程で自然は破壊され、公害が多発し、大地と海が汚され、温暖化のようなグローバル気候変動は悪化の一途を辿り、将来世代の生存すら危うくなっている。人類に深刻な影響を与えている新型コロナウイルス感染症のようなパンデミックも、人類が引き起こしている森林破壊と気候変動に起因しているとの指摘もある。

　このように捉えると、脱植民地化は人間だけにとどまらない。アイヌが「大地」とも呼ぶ「自然」と人間との関係もまた脱植民地化される必要がある。だから深い意味での脱植民地化とは、人間だけではなく、大地とその中の生きとし生けるものの「権利」回復にまで及ぶことになる。

　大地に立って、からだでその声を聴いてみよう。何が感じとられるだろうか。聴く耳と感覚を開くことから、大地とのつながり直しは始まるだろう。「豊かな自然」のイメージとは裏腹に、北海道の大地は傷つけられ、痛んでい

る。鬱蒼と生い茂っていた森の木々は、農業や製紙業のために伐り払われ、畑や人工林に変えられた。山は荒れ、生物多様性は失われて、オオカミは絶滅し、クマとシカの食べ物も無くなって「害獣」扱いされている。大地の血管たる川の流れは三面コンクリートで固められ、ダムで堰き止められ、水は淀み、サケも遡上できなくなってしまった。地下の水脈は絶ち切られ、湧き水は枯れ、川は消え海に真水が行き届かない。そのため魚、貝、藻でにぎわった海岸はひっそりとしている。土はコンクリートとアスファルトで覆われ、窒息させられている。畑には化学肥料、農薬（と称する農毒）、除草剤が撒かれ、微生物も昆虫も死に絶えていっている。このように一方的に奪い取り、破壊する人間と大地の関係を、どうすれば変えられるだろうか。

> 山を大事にして残しておきたいっちゅうこと。百年も二百年も伐らない山を作りたいちゅうこと。木でも必要なだけ伐って、もっとも商業的なあれ無いからだけどね、乱伐しないちゅうこと。
> やっぱり日本人は悪いわ。悪いどっちにしても。北海道をこれだけはげ山にしちまったんだもん。[3]

平取町の二風谷ダムの建設に、萱野茂さんとともに反対した貝澤正さんは、晩年、森の再生を訴えていた。木をアイヌ語で「シリコロカムイ」、すなわち大地を守る神という。この言葉には、木がその根で大地をしっかりと保つとの洞察が込められている。かつてのような広葉樹が豊かに茂る森が回復すれば、山の保水力は増し、土砂災害を防ぎ、水もきれいになっていく。川にダムは必要なくなり、海に運ばれたミネラルで魚も戻ってくるだろう。そう考えて貝澤正さんは森林再生のプロジェクトを構想し、「シャモとアイヌと一緒になってそういう運動を展開」すること（貝澤 2010：273）を思い描いた。その夢を息子の耕一さんが受け継いで、和人とともに1994年に立ち上げたのが「NPO法人ナショナルトラスト・チコロナイ」である。毎年、春と秋にアイヌと和人が二風谷に集って、森の再生にともに取り組んでいる。こうした現場に参加することは、具体的に大地（モシリ）とつながり直す一つの道である。

大地は生きている。その中で人間（アイヌ）もまた生かされている。このいのちあるつ

ながりを取り戻すことで人間の大地〔アイヌ・モシリ〕は回復するだろう。それは大地〔モシリ〕を敬い、感謝してその恵みをいただき、生きている自然の則に沿って人間〔アイヌ〕も生きていく、一方的な支配のない、互いに育みケアし合う世界である。このほんとうの意味で永続可能〔サステナブル〕ないのちの網の目を織り直していくために、アイヌ民族がこの大地〔モシリ〕とともに創造してきた、大地〔モシリ〕の思想と実践はこれからの世界を照らしている。

1)　https://ainupolicy.jimdofree.com/ 知っておきたい / 社団法人北海道ウタリ協会―アイヌ民族に関する法律-案-1984/

2)　北大教員有志による「北大とアイヌ」を考える連続学習会：https://sites.google.com/view/ikotsumondai-kensyou/ 北大とアイヌを考える会

3)　貝澤正さんの病床での言葉、1991年12月（「森よふたたび～あるアイヌ一族の歳月～」NHK、1997年放送）

〔読んでみよう／行ってみよう／調べてみよう〕
文献で挙げたようなアイヌ自身の言葉が記された本を読んでほしい。
NPO法人ナショナルトラスト・チコロナイの平取町二風谷での森林再生の活動には誰でも参加できる。https://blog.goo.ne.jp/cikornay
大学キャンパスを脱植民地化するためのガイドブック：北大 ACM プロジェクト編、2019、『北海道大学もうひとつのキャンパスマップ』寿郎社

〔参考・引用文献〕
宇梶静江、2020、『大地よ！――アイヌの母神、宇梶静江自伝』藤原書店
小川隆吉（瀧澤正・構成）、2015、『おれのウチャシクマ――あるアイヌの戦後史』寿郎社
貝澤正、1993（2010）、『アイヌ――わが人生』岩波書店
萱野茂、1980（1990）、『アイヌの碑』朝日新聞社
現代企画室編集部編、1988、『アイヌ肖像権裁判・全記録』現代企画室
チカップ美恵子、1991、『風のめぐみ――アイヌ民族の文化と人権』御茶の水書房
戸塚美波子、2003、『金の風に乗って』札幌テレビ放送株式会社
土橋芳美、2017、『痛みのペンリウク――囚われのアイヌ人骨』草風館
北大開示文書研究会編、2016、『アイヌの遺骨はコタンの土へ』緑風出版
北大開示文書研究会編、2020、『アイヌの権利とは何か――新法・象徴空間・東京五輪と先住民族』かもがわ出版

【小田博志】

【補章】アェイヌ民族*として生きることと尊厳の恢復
——葛野次雄さん（静内アイヌ協会会長）インタヴュー

〔語り〕葛野　次雄
〔インタビュアー・まとめ〕清末　愛砂・松本ますみ

アェイヌにとっての神と自然の関係

　人間は大きな顔をして生きていますが、本来、人間は神<ruby>神<rt>カムイ</rt></ruby>からなる大自然界の恩恵によって生かされているのです。火の神、太陽の神、雲の神、大地の神、水の神、山の神等。地球が先か、人間が先かということですが、どう考えても地球ができてから、人間ができていますよね。そう考えると、人間が自然界にものを植えたわけではないのです。山には何かの実や草があるからそれらを採って、川には何かの魚がいるからそれらを捕って、煮炊きしていただけです。人間が先に芋やトウキビ（とうもろこし）を植えたとか、秋味<ruby>秋味<rt>あきあじ</rt></ruby>（サケ）を養殖したという話ではなく、自然界の恩恵として存在するのです。だから、そのことへの感謝として、神に祈りの言葉を述べるのです。

　例えば、木を火の神にくべると、そこから出る煙が、この窓を通って天界に届きます。なので、その煙に自分たちの祈りの言葉や感謝の気持ちを乗せて、天界に届けてもらうのです。天界はそれを受け取ると、今度は雨を降らせてくれます。私たちは神と自然との関係をこういう感じで考えています。

父のアェイヌとしての〈こだわり〉

　私は好きでアェイヌをやっているわけでも、嫌いでやっているわけでもありません。たまたま生まれた家がアェイヌだったというだけです。幼い頃、周りにはアェイヌがたくさんいました。ただ、「アェイヌは見たくない」と思うアェイヌもいました。

　私が生まれたのは、戦後9年を経た1954年のことです。当時、茅葺<ruby>茅葺<rt>かやぶき</rt></ruby>の家に住んでいました。屋根には穴が開いていて、冬にはそこから雪が中に落ちてくるような家でした。なので、かぶっている布団が、落ちてくる雪で真っ白くなるような状況で寝ていました。こういう経験をしましたので、「アイヌ、アイヌ」と馬鹿にされてもおかしくなかったのですが、それはありませんでした。もっと馬鹿にされた方がよかったのか、悪かったのか、もしかしたら馬鹿にされることに免疫がついていたのか等と考えたこともありますが、馬鹿にはされなかったと思うのです。

　なので、小学校や中学校のときは、アェイヌをやるとか、やらないとかいうことは考えることもありませんでした。

写真補－1　葛野次雄さん

撮影：松本ますみ

　肺の病を患っていた父（注：高名なアイヌ文化の伝承者である葛野辰次郎氏）は、病院から帰ると、囲炉裏がなかったのでストーブの前に座って、和人の言葉で「お前、ちょっと川に行って、魚とイナウ（注：木製の祭具）用の木を捕ってこい」とか言っていました。魚を捕って帰ってくると、意味がわからないアイヌ語でぼそぼそしゃべっている父を目にすることがありました。

　私は、若い頃、アイヌの祭祀等を練習したことはないです。父からそうするように言われたことがないからです。父には弟子（ほとんどがシャモ〔注：和人〕）がおり、弟子には「イナウ」の作り方を練習させたりしていました。自分はそれを離れたところで見ていました。「自分もやる」と言うと、父は「中途半端な気持ちではだめだ」と言って、させてくれませんでした。イナウというのは、私たちの祈りや感謝の言葉を神に届けてくれる使者なので、それを生半可な

気持ちで面白半分に削らせるなんてことをさせたくなかったと思います。私が初めてイナウケ（注：イナウ作り）をしたのは、父が亡くなってからです。

　アイヌの世界にはいろいろな儀礼がびっしりとあり、父はそれらに強いこだわりをもっていました。うるさいというのではなく、それが当たり前の世界です。例えば、川では川上や川下に向かって、「カムイノミ」（注：神への祈りを捧げる儀式）をするのが本来のやり方です。いまだと、どっちを見てやっても構わないなんてことになりがちで、私も昔は、どうでもいいやと思ったことが何度もありました。当時は、そんなことを言ったら怒られるので、何も言わずに知らんふりをしていました。しかし、この年齢になると、川上や川下に向かってやるものだという父の教えを理解できるようになりました。

　イナウケのときに、「きれいだったら問題ないでしょう」と言って、上部を削ってから、根に近い下部を削る人がいます。それに対して、「違う」とは言いにくいです。私は、先に下部を削ってから、上部を削るのが本来のやり方と思っているからそうするのであって、なぜそうしないといけないのか、と聞かれると、答えようがないです。アイヌが生きていく上の知恵になるかどうかはわからないですが、習ったようにするのが、儀礼に求められてきたこだわりであり、それをわかってもらえればいいのだと思っています。父は、日記（大学ノート106冊分）にアイヌの様々な儀式や物

語を書き残してくれました。ところが現在は、それに続く者がいないのです。

アェイヌモシリの植民地化——誰にも売った覚えはない

明治時代につくられた戸籍制度の中に、アェイヌも入れられました。そうやって、アェイヌをシャモに同化しようとして、現在にいたっているわけです。私からすると、えらい迷惑な話で、面白くありません。

アェイヌモシリ（注：北海道）の土地の売買にしても訳がわからないので、日本の誰がどんな値段でここを買ったのかということを法務局で尋ねたことがあります。静内の法務局では、「わかりません」と言われました。それで「法務局がわからないのだったら、どこに聞けばいいのか」と尋ねたら、北海道庁とのことでした。「アイヌ協会に聞いてくれ」と言われることもありました。北海道開拓記念館（注：現北海道博物館）でも尋ねたら、学芸員から、「それは一番難しい問題で、学芸員としても答えづらいところだ」と言われました。最終的にたらいまわしです。

アェイヌモシリを植民地として日本に編入し、あとは当たり障りのない表現でそれを誤魔化して、150年が経ちました。勝手にアェイヌモシリに乗り込んできたのに、「ここからここまでが自分のものだ」とか「旧土人（注：アェイヌに対する蔑称かつ旧称）が5万5千人いた」等、シャモはいろんなことを言ってきました。国は入ってきたシャモに田畑や山をやったようですが、アェイヌも平等に扱ったのかというと、そうではありませんでした。なぜなら、アェイヌは人間の一人として数えられていなかったからです。

こういう歴史があるから、私は、「アェイヌモシリを500円で売ったのか、5万円で売ったのか」「売った人と買った人を出してみろ。そういうことは、法務局に届け出るものだろう」と言っているわけです。アェイヌはずっと昔からここにいました。法律にしたって、外からここに持ってきたのだから、その「ほ」の字だって知りません。私や父から言わせると、シャモは外からきた侵略者です。侵略者がここに法律を勝手にもってきて、「土地を買った、売った」とか言うわけです。その挙句に今度は、アェイヌに「その売買の証拠を見せてもらうために、法務局に行け」とまで言うのです。法務局にも裁判所にも行きました。法務局でも、大きな顔をして「自分はアェイヌだ」と言います。静内の法務局の二階では、人権相談を受けることができます。なので、そこに行き、「人権の相談に来た」と言ったんです。人権は、アェイヌだろうが、シャモだろうが、誰もが有しているものだからです。相談員は、「人権侵害と言うのであれば、証拠がいる。売買の証拠がない以上、人権侵害と言うのは難しい。なので、自分は国の肩もアェイヌの肩ももたない」と答えました。

エカシとフチが泣いている

　アェイヌモシリをどのような形で奪い、植民地として編入したのかということを、誰にでもわかるような言葉できちんと表現しなければおかしい、というのが自分の考え方です。そうでなければ、亡くなったエカシ（注：高齢のアェイヌ男性）やフチ（注：高齢のアェイヌ女性）たちに顔向けができません。エカシやフチたちが言ってきたように、アェイヌからすれば、貸した覚えも売った覚えもないのです。アェイヌをだまして土地を奪った、ということがはっきりする世の中にならなければだめだと思います。

　「アイヌはいない」という政治家もいます。中曽根康弘元首相の単一民族発言（1986年）にはじまり、各国会議員が同様の発言をしてきました。最近だと、麻生太郎副総理兼財務大臣が「長きにわたって一つの民族」と発言しました（2020年1月13日）。エカシやフチたちは本当に天界で泣いていると思います。泣いても泣ききれないでしょう。どうして、こんなことが許されるのでしょうか。アェイヌは、昨年（2019年）つくられたアイヌ新法（注：アイヌの人々の誇りが尊重される社会を実現するための施策の推進に関する法律）の中で「先住民族」と明記されたというのに。

不条理な世界をつくったのは誰なんだ

　こういう不条理な世界をつくったのは一体誰なんだ、と言いたいです。それは、日本です。アェイヌモシリを奪った日本が、こんな世界をつくったのです。

　私たちアェイヌは日本に対して、何か悪いことをしましたか。石の一つでも、ミサイルの一発でも撃ちましたか。何もしていないのに、アェイヌが共有してきた土地を権利書も何もない弱みに付け込んで、奪ったのです。アェイヌは、山に行って木や山菜を採って、鹿や熊を獲って、川に行って秋味を捕って、浜に行って昆布を採って、日々の生活を送ってきました。それなのに、シャモが入ってきて、うまいことを言いながら、その権利を少しずつ、俗に言う、真綿で首を絞めるような形で全部取り上げました。アェイヌに、権利という権利は一つもありません。

　このことが腹立たしいから、とくに18年前に死んだ父は、アイヌ福祉政策の奨学金で高校に進学した私の弟に、「もらった金を返せ。何百年かかってもいいから返せ。その代わりに、山に行って木を伐る権利、川に行って秋味を捕る権利を戻してもらえ。金はもらうな」と口癖のように言い続けました。

アェイヌ差別を実感させられる──「○○人だから、付き合いません」

　私は小学校のときも中学校のときも、アェイヌということで差別されたり、馬鹿にされたりしたことは一度もなかったと思っていますが、大人になってからはありました。

　21歳か22歳の頃、ハイヤーの運転手をしていたときに、ある女性と知り合い、交際をするようになりました。それから一年経ったかどうかのときに、彼女がいる建物の二階から、ヒラヒラと紙が落ち

てきました。そこには、「あなたは○○
○人だから、付き合いません」と書かれ
ていたのです。伏せ字の○○○がアェイ
ヌということはわかりましたが、なぜ
アェイヌとシャモが付き合ってはいけな
いのかを理解できませんでした。とりあ
えず、家に持って帰り、嫁ぎ先から実家
を訪ねていた姉の一人にその紙を見せ
て、意味を尋ねました。そしたら、姉が
「馬鹿もん。お前がアェイヌだから、
シャモの私は付き合わない、という意味
なんだよ」と言われました。

　アェイヌだからシャモとは付き合えな
いと言われても、感情として納得できる
ものではありませんでした。また、アェ
イヌではだめだという意味がどうしても
理解できませんでした。それまで、自転
車に乗ってシャモと一緒に川に遊びに
行ったり、海に泳ぎに行ったりしてきま
した。その中では、一度もアイヌうんぬ
んと言われたことはありませんでした。
なので、その姉に「でも、シャモの家に
嫁いだでしょう」と言ったところ、実は
姉は嫁ぎ先でアイヌと馬鹿にされるたび
に、腹を立てて実家に帰ってきていたこ
とがわかりました。この経験を通して、
よく耳にするシャモによる差別とは、こ
ういうことを言うのだと実感しました。

　そういうことがあるので、父がアェイ
ヌ関連で新聞やテレビに出たりすること
に喜んでいた姉は一人もいません。姉た
ちは、自分がアェイヌであることを嫌っ
ていました。父がメディアで報じられる
と、姉たちが父に電話をかけて、「やめ
てほしい」と言っていました。

アイヌ福祉政策の偽善

　これまで行政は、「アイヌの生活を向上
させる」と称して「福祉政策」をしてき
ました。しかし、福祉政策が必要とされ
る根本的な背景については、何ら説明が
ありません。それを問わずに、「アイヌが
困窮しているから、アイヌ福祉政策をや
らないといけない」というところからス
タートしています。私が問いたいのは、
〈なぜアェイヌが困窮しているのか〉とい
う点です。その原因は、明治期に入って
からシャモが大量に来たからです。この
一番重要な点が語られていないのです。

　なお、アイヌ福祉政策ですが、すべて
の予算が個人の生活に関係する支援のた
めに用いられているわけではありませ
ん。アイヌ福祉政策の予算のうち、個人
を対象とするのは、高校や大学への進学
にあたっての奨学金や、就職に役立つ運
転免許証の取得等のいくつかに限られて
います。残りの予算は、生活館（公民
館）の建設や道路の補修工事等に使われ
ているようで、それは誰もが対象となる
公共事業費です。アイヌ福祉対策ではあ
りません。アイヌ福祉政策が導入されて
からすでに長い時間が経ちましたが、
アェイヌの生活水準が上がったといえる
でしょうか。アェイヌモシリに入ってき
て田畑をもらったシャモとアェイヌの生
活状況が同等になり、生活水準という意
味で同じスタートラインに立っているか
どうかを明確にしてほしいですね。

元通りに戻すことこそが尊厳ある埋葬

　大学の先生等によって研究材料とされ

たアェイヌの遺骨のうち、返還されていないものについては、白老のウポポイ（民族共生象徴空間）の慰霊施設で「尊厳ある埋葬をします」と言われてきました。尊厳ある埋葬とは、何を指すのでしょうか。おそらくそれは、アェイヌの文化や風習に沿って埋葬するという意味で使っているのでしょう。単純に文化とか風習に沿った埋葬だけを指すなら、各コタンで執り行われてきたことを再現すればいいのです。問題は、「尊厳」をどう考えるのか、という点にあります。

　尊厳というのは、〈元通りに戻すこと〉です。自分たちにとって、尊厳とは土に返すことなのです。祖先の遺骨の頭部だけがウポポイの施設にあって、コタンに胴体がある、というバラバラの状態はおかしいです。慰霊施設でイチャルパ（先祖供養の儀式）をすると言うけれど、いつまで誰がし続けるんですか。父はイチャルパについて、「50年したらしなくてもいい」と言っていました。あの遺骨は、80年以上前のものですよね。これまで、50年以上、イチャルパをしたコタンはあるんですか。なぜ、ウポポイでは50年過ぎてもイチャルパをするんですか。

　遺骨は家族の意思に反して持っていかれたもの（盗骨も含む）なのに、例えば、新ひだか町から「送った」という言い方がされたりします。贈与や寄託だと言うのです。では、これらの大学の先生は、役場が管理する納骨堂等から譲り受けたとでも言うんですか。そうではないでしょう。盗骨の場合だと、コタンの中のお墓を掘って、持っていったわけで

す。掘って持っていったのだから、掘ったところにきちんと返すのが筋です。どんな泥棒でも、盗んだのが見つかったら、元に戻すように言われるでしょう。それと同じ話です。

（2020年5月22日、新ひだか町の葛野次雄さんの自宅にて聞き取り）

写真補-2　新しいシャクシャイン像

撮影：松本ますみ。2020年10月18日、1669年10月に松前藩によって謀殺されたアェイヌの英傑シャクシャイン像の復刻を祝う会にて（新ひだか町の「真歌公園」）。この像は、2020年秋にシャクシャイン顕彰会、静内アイヌ協会、三石アイヌ協会、シャクシャイン像復刻委員会（葛野次雄委員長）により復刻されたものである。その設置場所については、新ひだか町と協議中であるため、常置に至っていない。シャクシャイン顕彰会が以前に建立した古い像は、自然災害等で劣化したため、2018年9月に新ひだか町が解体撤去し、産業廃棄物として処理した。なお、この公園内には、NPO法人新ひだかアイヌ協会が建立した別のシャクシャイン像があるが、それは非常に屈服的な姿にみえるので、現地のアェイヌには評判が悪い。

コラム④　進みゆく世に歩をならべる──知里幸恵のアイヌ宣言

1　自由の天地

　知里幸恵は1922（大正11）年9月18日、19歳で命を閉じた。ギリシア・ローマの叙事詩に匹敵すると認められるユカラをローマ字を使い文字化した功績を残して。生まれ育った登別の地に、小さなミュージアムが建ったのは、88年後の2010年9月の命日だった。

　幸恵は明治36（1903）年に母ナミ、父高吉の長女として登別に生まれた。高吉はコタンの衆と力を合わせて畑地を拓き、馬牧場を経営、造園業も営んでいた。母ナミは金成ハウェリレとモナシノウクの二女として幌別で育ち、3つ上の姉マツとともに函館谷地頭の私立アイヌスクールで7年学び、聖公会の平取教会に勤めキリスト教伝道の仕事をしていた。

　幸恵は、「私のおひたち　さう申しましても、別に世の人と変わったことでもありません。温かい父母のふところに育まれ、五つ六つの頃は、年老ひた祖母とたった二人で山間の畑にすみ、七つの時旭川の伯母の所へ」と振り返っている。登別のオカチペ山にあった畑地で、祖母と生活を共にした。祖母モナシノウクは、アイヌ語の物語を子守歌のようにして聞かせ、幸恵はそれで眠りに就くような生活だったとされている。そして1909年に旭川に移り、キリスト教伝道師であった伯母金成マツと祖母モナシノウクと3人で生活した。家庭内でもおそらくアイヌ語が使われていた。その環境がアイヌ語・アイヌ文化の伝承者としての知里幸恵を育んだのである。

2　銀のしずく記念館

　高吉が育てた屋敷森が百年の歳月を刻んだ中に「知里幸恵　銀のしずく記念館」は建っている。その運営に携わるNPO法人知里森舎（Chiri-Nitay-Chise）は、1997年、幸恵の姪横山（知里）むつみとその夫の横山孝雄によって生家跡に設立された。2002年からの9年余に延べ2500人から3200万円が地元と国内外から寄せられ建設された。毎年2000人の入館者があり、全国600人の友の会会費および寄付金により営まれている。

　幸恵は上川尋常第五小学校から旭川区女子職業学校へと進学した。1918年8月に研究者金田一京助と出会い、それがきっかけとなって1922年に上京した。記念館では、学校での学習の成果・写真の展示のほか、精力的に書かれた両親への手紙、東京時代の日記、知里幸恵「ノート」をみることができる。

　1922年9月14日の両親宛ての手紙には、「私にしか出来ないある大きな使命をあたへられていることを痛切に感じました。それは愛する同胞が過去幾千年の間に残しつたへた、文芸を書残すことです」「おひざもとへかへります。一生を登別でくらしたいと存じます」と書かれている。それらから苦涙の奥から未来をみつめる幸恵の姿をみることができよう。

3　自認するアイヌ

　横山孝雄は1984年に『アイヌって知ってる？』（汐文社）を著した。この本は、「男の子にガイジンみたいだっていわれたア」と言いながら、べそをかいて帰ってきた小学1年生の娘の実話から書き起こされた。それから2年後の1986年、中曽根康弘首相は「国際人権条約で規定されている少数民族はいない」

と答弁し、「日本は単一民族」発言とともに大きな社会問題となった。

それから約30年。「先住民族の権利に関する国際連合宣言」（2007年）を受け、2019年4月制定の「アイヌ施策振興法」第4条にはようやく「何人も、アイヌの人々に対して、アイヌであることを理由として、差別することその他の権利利益を侵害する行為をしてはならない」と規定された。しかし、同法はアイヌの先住権について何ら規定していない。

北海道が行なった「ウタリ生活実態調査」から「自認するアイヌ」の数をみてみよう。これによると、1972年は1万8298人、1979年は2万4160人、1986年は2万4381人だった。「旧土人保護法」が廃止され「アイヌ文化振興法」が制定された1997年は2万3767人、2006年は2万3782人、2013年は1万6782人、2017年は1万3118人と大きく減っている。

自らアイヌのルーツをもつ研究者の石原真衣が「サイレント・アイヌ」と呼ぶ人たちがいる。石原はいう。「現代ではアイヌ文化に対する理解や、先住民族の人権等に関する問題意識は多くの場合、市民に共有されているかに見える。しかし、近年の実態調査では、アイヌ民族の人口は減少傾向にある。それは、アイヌ民族の消滅を意味するのではなく、沈黙する人々が増加していることを示している。」

4　幸恵のアイヌ宣言

「時は絶えず流れる、世は限りなく進展してゆく。激しい競争場裡に敗残の醜をさらしている今の私たちの中からも、いつかは、二人三人でも強いものが出て来たら、進みゆく世と歩をならべる日も、やがては来ましょう。それはほんとうに私たちの切なる望み、明暮祈っている事で御座います。」

『アイヌ神謡集』序に上のようにしたため

知里幸恵銀のしずく記念館。撮影：清末愛砂

た幸恵のこうした願いは、1922年7月12日付の日記に次のように表れている。

「私はアイヌだ。何処までもアイヌだ。何処にシサム（注：和人のこと）のやうなところがある?! たとへ、自分でシサムですと口で言ひ得るにしても、私は依然アイヌではないか。つまらない、そんな口先ばかりシサムになったって何になる。シサムになれば何だ。アイヌだからそれで人間ではないといふ事もない。同じ人ではないか。私はアイヌであったことを喜ぶ。私がもしかシサムであったらもっと、潤ひの無い人間であったかも知れない。アイヌだの、他の哀れな人々だのの存在をすら知らない人であったかも知れない。」

2008年、国会では「アイヌ民族を先住民族とする」と決議された。アイヌ施策振興法第1条には「日本列島北部周辺、とりわけ北海道の先住民族であるアイヌ」と規定された。同法ではアイヌ差別は禁止された。幸恵の願いは少しだけ叶えられたが、先住権が規定されていない以上、道半ばである。

〔参考・引用文献〕
知里幸恵編訳、1978、『アイヌ神謡集』岩波文庫
知里森舎『知里幸恵銀のしずく記念館ガイド』
「知里幸恵ノート」解説（『復刻版「知里幸恵ノート」』2002、知里森舎）　【松本徹】

第Ⅲ部

将来へのまなざし

第13章　北海道の産業の移り変わりと交通

1　北海道の産業発展と交通

■ 北海道での石炭の発見

　北海道の石炭産業は、1879年に官営幌内炭鉱（三笠市）が開鉱されたことに始まる。地質学者ライマン（ベンジャミン・スミス・ライマン 1835-1920）の調査で豊富な埋蔵量の石炭が発見されたことがきっかけだった。また石炭運搬のために、幌内鉄道（小樽市手宮〜三笠市幌内）が全国3番目の鉄道として1882年に全線開通した。

　その後、幌内炭鉱は北海道炭礦鉄道（以下、北炭）に払い下げられ、1890年に同社によって空知炭鉱（歌志内市）、夕張炭鉱（夕張市）の開発が行われた。1892年には岩見沢市から室蘭市まで鉄道が延伸され、天然の良港である室蘭港が石炭の積み出し港として加わった。室蘭を外国向け石炭の輸出港、小樽を国内向け石炭供給地と棲み分けた。

　日露戦争の後に国は全国の鉄道を一本化して軍事輸送の効率化を進めた。北炭の保有する鉄道は1906年に国有化された。北炭はその売却資金で英国アームストロング社との合弁による日本製鋼所を設立した。また1909年には現在の日本製鉄室蘭製鉄所が操業を始めている。室蘭は軍需工場のまちとして発展を始めた。

　近年、北海道の近代化のストーリーとして空知・室蘭・小樽の三都を結んだ「炭鉄港」の取り組みが官民あげて行われており、2019年に日本遺産として文化庁に認定されている。

■ 製紙産業の発展

1910年、北海道苫小牧にて王子製紙苫小牧工場は操業を開始した。北海道の広大な土地、支笏湖の水、空知から室蘭までの鉄道で産炭地と港につながる理想の工場であった。

王子製紙によって、山線（苫小牧～支笏湖）と浜線（苫小牧～鵡川）の鉄道が敷かれ、山線は千歳発電所建設の際の物資運搬と木材輸送に使用され、浜線は後にJR北海道の日高本線となった。工場操業にともない、支笏湖での水力発電、電話の開通、市街地の電灯など、苫小牧は近代化していった。

森林資源が豊かな北海道では、国策で紙・パルプ産業が進められ、盛んであった。樺太にも王子製紙の工場が9つあり、苫小牧工場は紙・パルプ産業の中心的な存在となった。戦時中は、新聞紙は国威発揚のための軍事物資として生産されており、苫小牧も軍需工場のまちとして発展した。戦後に会社は分割されたが、日本製紙と王子製紙は一つの会社であった。現在も苫小牧工場は国内の新聞紙の6割を生産する拠点である。

■ 北海道の産業と交通

国家プロジェクトとして整備され、北海道の近代化を支えた石炭産業・鉄鋼業・製紙産業は、道内は鉄路を利用し、本州へは港から船で運んだ。次第に北海道の奥地へと資源開発が進むと、開発とともに交通網が発展して、人も物も運ばれ北海道にまちが広がった。

北海道はその他にも、根室や釧路の水産業、上川の木材、オホーツクや十勝の農産物などの一次産業が豊かである。近代化した輸送路を通って本州の工場や消費地へと運ばれた。発展とともに北海道内の鉄路は最大で約4000km（2020年時点で約2500km）まで伸びた。我田引鉄といわれ、地元に鉄道を敷くことが利益誘導する政治家の仕事と考えられていた時代があった。当時は国鉄だったので、政治的に過剰に線路が敷かれたのである。

2　鉄路の衰退

　国鉄からJRへの民営化（1987年）の際に、北海道内の不採算の鉄路の廃止が行われた。背景として、炭鉱の閉山による石炭輸送がなくなったことがある。また石炭から石油へのエネルギー転換が起こり、石炭輸送がなくなっただけでなく、トラック輸送とマイカー移動の増加によって、人も物も鉄道輸送量が落ち込んだ。

　北海道内の不採算路線は、民営化後には経営が持たないからと約1400kmが廃線となった。さらに、2016年にJR北海道は13線区1237.2kmの路線の廃止を発表した。JR北海道は廃線後のバス転換を対策として打ち出したが、（2020年8月）夕張支線と日高線が合意に達しているだけである。

　廃線予定の13路線は、1）札沼線（北海道医療大学―新十津川）47.6km、2）根室線（富良野―新得）81.7km、3）留萌線（深川―留萌）50.1km、4）石勝線夕張支線（新夕張―夕張）16.1km、5）日高線（苫小牧―鵡川―様似）146.5km、6）宗谷線（名寄―稚内）183.2km、7）根室線（釧路―根室）135.4km、8）根室線（滝川―富良野）54.6km、9）室蘭線（沼ノ端―岩見沢）67.0km、10）釧網線（東釧路―網走）166.2km、11）石北線（新旭川―網走）234.0km、12）富良野線（富良野―旭川）54.8kmである。

　廃線になるとJR北海道の営業距離数は半減する。道北地域の宗谷線が廃止になれば、名寄駅より北へのルートが消滅し、宗谷総合振興局のある稚内市への鉄路の足がなくなる。道東地域では、石北線の廃止によって北見市と網走市へのルートと、花咲線の廃止で根室市へのルートが消滅する。

　高速道路は、東は釧路、北は名寄まで延伸されているが、鉄路の廃線の影響を補うことは難しい。

　廃線に踏み切らざるを得ないJR北海道の事情として、①民営化の際に決まった経営安定基金からの運用益で赤字を補填する仕組みがあるが、予定通りの運用益が出ていない状況であること、②北見のタマネギや十勝のジャガイモなどの農産物を運ぶJR貨物から線路維持に必要な費用の負担を受け取れてい

図13-1　インバウンド客数の推移（アジア国別）

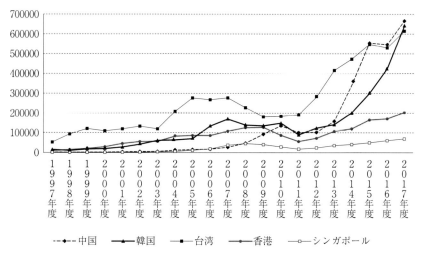

出所：北海道経済部観光局の資料から筆者作成

ないこと、③冬場の除雪にコストがかかること、④北海道新幹線が開通したものの収益に貢献できていないことがある。JR北海道としても、札幌圏の路線の黒字と不動産事業やホテル事業など他部門の黒字で、不採算路線の赤字を補っているが、全体では収益を確保できていない。

3　伸びる観光産業

　北海道は自然の景観、温泉、スキーなど観光資源が豊富である。従来は、会社の慰安旅行、新婚旅行などの国内観光地として人気があったが、ライフスタイルの変化などから国内需要を取り込めなくなっていた。

　しかし、近年の観光立国の政策によってインバウンド客（訪日外国人旅行客）が増加し、観光業が新しい産業の柱として伸びてきている。国の観光政策だけでなく、円安傾向と世界経済が安定していたことや、2017年に新千歳空港の発着枠が拡大されて国際線でLCCなどの新規就航や増便があったことが影響している。また中国国内の査証発給要件の緩和によって個人旅行が増加している。

　2017年度の北海道のインバウンド数は279万人で、内アジアから248万人が訪れている。アジアの国別のインバウンド客の推移は図1に示した。中国が66万6000人（前年度比＋21.8％）と最も多い。次いで韓国が63万9400人（同＋50.7％）で倍増した。台湾も61万4800人（同＋16.1％）と上位3カ国が60万人を超えている。香港20万3200人（同＋19.0％）、タイ（同▲5.5％）、シンガポール6万9300人（同＋12.4％）、他であった。

　だが、（2020年10月）コロナ禍のため道内国際線は運航停止のままである（2020年12月再開）。

4　これからの北海道観光に向けて

■ 北海道観光の課題

　北海道経済部観光局の資料によると2017年の来道観光客の移動手段は、航空機利用1196万人（86.8％）、フェリー利用89万人（6.5％）、鉄道利用92万人（6.7％）とほとんどの観光客が航空機を利用してる。空港別に定期航路の便数（2019年6月時点）を表14-1にみると、道内7つの空港を合計した282便のうち215便（76.2％）が新千歳空港に集中している。観光客の行き先では、55％が道央圏を目的に訪れている。

　地元に迷惑をかけるほど多くの観光客が訪れるオーバーツーリズムが、道央圏で問題になっている。新千歳空港と札幌を結ぶエアポートライナーのキャパシティを越えて新千歳空港の利用者が増えているのである。もともと新千歳空港の地下に駅を急造したために、引き込み線が単線で本数を増やせず、ホームは狭く6両編成までしか入れず、輸送力が追いついていない状況である。2020年からJR北海道はエアポートライナーを1時間4便から5便に増便するなどして、輸送力の引き上げ対策を行っている。

　一方、新千歳空港以外の道内の空港は少ない利用による赤字が問題であり、2020年から新千歳空港を含む道内7つの空港を一つの組織にして、民間事業者に運営委託を行っている。そして、新千歳空港から他の空港へと観光客を分散させて、利用者の増加により他の6つの空港自体の黒字化を目論んでいる。

表13-1　空港別の定期航路

	羽田	成田	中部国際	関西3空港	国内他	道内	国際	合計
新千歳空港	56	18	18	24	50	18	31	215
稚内空港	2	0	0	0	0	2	0	4
釧路空港	5	0	0	0	0	5	0	10
函館空港	8	0	2	2	0	9	2	23
旭川空港	8	0	1	0	0	0	2	11
帯広空港	7	0	0	0	0	0	0	7
女満別空港	5	0	1	0	0	6	0	12
合計	91	18	22	26	50	40	35	282

出所：筆者が各空港の HP から筆者作成

■ 新しい観光施策

　北海道内の７つの空港を一つとして各空港に分散的に観光客を誘致すること
ができれば、新千歳空港の混雑を回避しながら観光客数を伸ばすことができ
る。期待の FIT 観光（Foreign Independent Tour：外国人の個人旅行）が伸びれ
ば、道内各地に観光客が訪れ、道内各地が観光産業によって活性化する。

　分散型の観光政策として、ドライブの途中に寄り道をして景観を楽しむ
「シーニックバイウェイ北海道」に全道で取り組んでいる。北海道内各地の秀
逸な景観を楽しめるルートを作成し、北海道全体に観光客を誘致しようとして
いる。外国人観光客の動向は、団体旅行から個人旅行へ転換する傾向にあり、
自由度の高い車の利用が増えつつある。

　国土交通省北海道開発局のイニシアティブで2005年から始まったシーニック
バイウェイの活動は、2018年11月時点で、指定が13ルート、指定の候補が2
ルートあり、約400団体が運営に携わっている。

【指定ルート】

　1）支笏洞爺ニセコルート、2）大雪・富良野ルート、3）東オホーツク
シーニックバイウェイ、4）宗谷シーニックバイウェイ、5）釧路湿原・阿
寒・摩周シーニックバイウェイ、6）函館・大沼・噴火湾ルート、7）萌える

図13-2　シーニックバイウェイ北海道エリアマップ

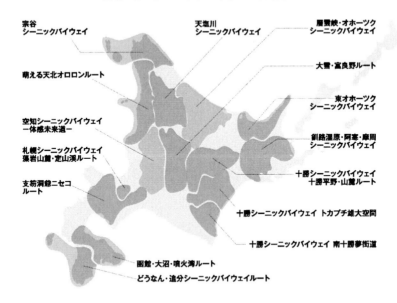

出所：シーニックバイウェイ支援センター提供

天北オロロンルート、8）十勝シーニックバイウェイ十勝平野・山麓ルート、
9）十勝シーニックバイウェイトカプチ雄大空間、10）十勝シーニックバイ
ウェイ南十勝夢街道、11）札幌シーニックバイウェイ藻岩山麓・定山渓ルー
ト、12）どうなん・追分シーニックバイウェイルート、13）天塩川シーニック
バイウェイ

【候補ルート】

　14）空知シーニックバイウェイ－体感未来道－、15）層雲峡・オホーツク
シーニックバイウェイ

　シーニックバイウェイに指定されたルートでは、様々の活動を行っている。

　「シーニックデッキ」：観光スポットに写真を撮るためのデッキを用意してい

る。支笏洞爺ニセコルートでは羊蹄山がよくみえる場所にある。

「シーニックカフェ」：三国峠頂上に、4月から11月までのカフェがあるが、本格的である。他にも、土日だけ商工会等のボランティアが牧場の上にあるあずま屋で開催している緩いカフェもある。

「シーニックフォトコンテスト」：宗谷シーニックバイウェイ、萌える天北オロロンルート、大雪・富良野ルート、天塩川シーニックバイウェイの道北4ルートが連携したフォトコンテストが開催された。十勝シーニックバイウェイ南十勝夢街道や支笏洞爺ニセコルートでも開催されている。

「北海道のよりみちドライブ情報　Scenic Byway」：シーニックバイウェイ北海道のドライブ情報が掲載された冊子である。11万部印刷し、道内の道の駅で無料配布している。「シーニックドライブマップ」（200円）は道内すべての道の駅のみで販売している。

「ブランド化」：道の駅と連携してシーニック推奨のシールを貼った商品を販売したら、他の商品より高くてもよく売れた。また道の駅は北海道開発局の事業だからシーニックバイウェイと一体的に運営されることがある。

　道路の沿線の自治体が、美しい景観を観光資源として売り出す試みがシーニックバイウェイである。資源開発で始まった北海道の鉄路は衰退したが、現在はクルマ時代の道路を活用した観光開発が行われている。

〔参考・引用文献〕

島瀬浩、2019、「苫小牧市と王子製紙（株）苫小牧工場のあゆみ」『胆振学入門講義ノート』室蘭工業大学、30-32頁
「そらち『炭鉱の記憶』で地域づくり推進会議」ガイドマニュアル専門部会、2009、「そらち『炭鉱の記憶』ガイドマニュアル〈赤平市版〉」、1
中村幸治、2015、「広域連携促進による観光まちづくりの可能性」（北の観光まちづくりリーダー養成セミナー資料）
北海道経済部観光局、訪日外国人来道者の推移「北海道観光入込客数の推移」、http://www.pref.hokkaido.lg.jp/kz/kkd/irikominosuii.htm（2019.6.30閲覧）
北海道経済部観光局、2018、「北海道観光入込客数調査報告書　平成29年度」
室蘭市、2012、「広報むろらん」5月号、3-4頁

【永井真也】

コラム⑤　ニセコの今

　ニセコとは、北海道後志地方の倶知安町比羅夫地区やニセコ町にまたがるニセコ連峰の周辺地域を指した通称である。倶知安町出身の私は、この地域の変化を身近で見聞きしてきた者の一人である。本コラムでは、その経験も踏まえ、ニセコにおける外国資本や国内の大資本主導で進められてきた開発について考察したい。

　ニセコは、1960年代頃からニセコアンヌプリなどの山々にスキー場が造られるようになったことを契機に、ウインターリゾートを中心とする観光業で栄えてきた。近年は、リゾート開発に外国資本の投資が集中したことから、倶知安町をはじめとした同地域では全国トップクラスの地価の上昇が続き、注目を集めるようになった。

　以前は国内のスキー客向けのリゾート地として開発されてきたが、2000年代半ばに外国資本が参入してからは、その様相が大きく変わった。既存のホテルやペンション、スキー場の買収およびコンドミニアムの建設が猛ピッチで進められ、外国人富裕層を主な対象として利益を得る構造が作られるようになった。その後、円安を追い風に外国資本による投資は過熱し、スキー場周辺部以外の倶知安町市街地などの不動産や企業の買収も加速した。現在では、国内の投資家もコンドミニアム等の不動産への投資を始めている。

　外国資本による開発に伴い、ニセコに住む住民にも、町に見切りをつけて転出する人が増えるなどの影響が少なからず出てきている。それは、地価の上昇と同時に建設コストや賃貸住宅の家賃相場も高騰しているため、

自分がニセコに所有する不動産を売却後、札幌圏に移住した方が、利便性が高く安価に済むからである。元々の住民が地域を去る一方で、ニセコに目をつけた富裕層や富裕層向けの企業で働く労働者など、国内外からの新たな人口の流入が起きている。

　また、自然環境にも大きな影響が出始めている。倶知安町では行政による開発の規制が後手に回り、建設ラッシュのために森林が伐採されるなどして、自然豊かな景観が壊され「乱開発」ともいえる状態になっている。豊かな自然を観光資源としてきたニセコであるが、現在ではその「価値」を失うことになりかねない事態にまでなっている。このようなことが続けば、従来の国内観光客もニセコに魅力を感じなくなるだろう。

　地域活性化や雇用創出という観点からみると、外国資本による開発によって、一見、ニセコは発展しているようにみえる。しかし、この開発は、果たして地域住民の生活の質の向上に寄与してきたといえるだろうか。倶知安町の比羅夫地区などで進む開発は、外国人富裕層のための開発であって、地域住民のためのものではない。料金も富裕層向けに非常に高く設定されている。富裕層相手に商売をする人など、一部の人が恩恵にあずかれる一方で、家賃相場の上昇などにより、この地域は住みにくくなったと感じる人も多いだろう。

　そもそも、倶知安町のような小規模の地方都市では、1980年代以降国が進めてきた民営化、規制緩和を標榜する新自由主義政策によって、地域経済は大きな打撃を受けてい

た。大型店の出現で競争が激化し、商店街は衰退を余儀なくされた。その後、リゾート開発による需要増を見込んで大型量販店が進出した。競争に敗れた企業は廃業し、町内には空き店舗も目立つようになった。すでにそのような状況に陥っていた倶知安町で、外国資本による買収が行われたため、地域からさらに住民が去っていくことにもつながった。

倶知安町を例にみてきたが、ニセコでは過去の新自由主義政策による地域社会の緩やかな解体と、外国資本による開発によって、一部の富裕層を主な対象とする「外国化」が進んだといえる。住民の意向とは無関係に進められた開発の結果、地域内の小規模な経済活動などを通して築かれてきた人と人の結びつきは、一層弱体化している。

今後は、住民の生活の質を開発によって落とさないことや、行政が開発への一定の規制を行うことなどによる、持続可能な地域社会の構築を目指す観点と、今後も続くであろう外国資本による開発がバランスよく共存できる方法を考えていくことが求められる。また、外部から流入してくる観光客や企業、労働者と地域社会がどうかかわっていくのかという点も課題となろう。

さらに、2020年に発生した新型コロナウイルスの世界的流行による、ニセコへの影響も深刻である。2020年3月以降観光客は激減した。スキー場は予定より早い時期に営業を終了させた。また、一時閉館した宿泊施設もある。企業から解雇された外国人労働者が渡航制限により、帰国できずに取り残されるという事態も起こっている。一方で、ニセコ地域への投資は、収まるどころか現在も変わらず続いていると聞く。

コロナ禍の例からも、外国人観光客に利益を依存する構造が、災害などに起因する外的

2018年5月倶知安町比羅夫地区ひらふ坂にて筆者撮影。ひらふ坂から見える羊蹄山

な環境変化に対して脆弱であることがわかる。ニセコにおいても、豪雨、豪雪、地震、噴火などの災害リスクが存在する。ニセコは北海道内有数の豪雪地帯であることに加え、火山活動は停滞しているが、スキー場のあるニセコアンヌプリや羊蹄山は活火山に分類される。また、数十年単位で噴火を繰り返している有珠山とも近い距離にある。また、泊原発から30km程度の距離に位置することから、自然災害などによって事故が発生した際に、大きな被害を受ける可能性がある。現在の構造が続く限り、災害などの外的要因によってニセコの観光業は浮き沈みを繰り返すことになるだろう。

今後のコロナ禍の影響は見通せない状況にあるとはいえ、落ち込んだ経済の再生を考えると、外国人観光客だけでなく、日本人観光客を呼び込むなど、収益源を分散化することも必要である。コロナ禍をきっかけにニセコ地域の観光の在り方を再考することが求められているのではないだろうか。

〔参考・引用文献〕
北海道新聞朝刊連載『ニセコのキセキ』（第1部〜第4部）（2020年2月から6月）
【稲村隆之】

第14章　6次産業化の可能性と北海道ブランド化
──成長・拡大なき時代における6次産業化のかたち・方向性を考える

1　6次産業化の意味と目的

　6次産業化という言葉は、「1次産業×2次産業×3次産業＝6次産業化」という数式に由来する。3つの産業の掛け算による相乗効果がねらいであって、6次産業という産業分類があるわけではない。

　産業は、農業・漁業などの1次産業、製造業などの2次産業、流通・販売・サービス業などの3次産業の3つに分類される。食の6次産業化を例にそれぞれの産業分類における具体的な構成要素を示した（図14‐1）。6次産業化は、ここに挙げた各産業分類の要素を統合・連携させることによって、栽培・採取・生産物、加工品、流通・販売・サービスの付加価値向上を図り、農林水産業者の所得向上や農山漁村地域の活性化を実現することを目的とした概念もしくは施策である。また6次産業化事業は、付加価値を向上させる方法によって、直売型、体験型、加工型の3つに大きく分けられる。直売型には直売所やインターネットによる新鮮・安心・低価格な生産物の産直販売、体験型には観光農園で栽培や収穫の体験をしてもらうこと、加工型にはキズなどによって出荷できない農産物を加工し販売することなどが付加価値の向上に挙げられる。

　歴史的には、まず、1994年に今村奈良臣東京大学名誉教授によって6次産業化の概念が提唱された。その後、2011年に「6次産業化法」が制定されたことによって、6次産業化事業の展開が大きく動き始めた。農林漁業者の申請する「総合化事業計画」（以下、事業計画という）が農林水産省に認定されると、政策上のメリットを受けられるためである。2020年3月31日現在で事業計画は2557件に達し、広がりをみせている。また、内閣府が主導し各省庁の実施する第2期「まち・ひと・しごと創生総合戦略」（2019年閣議決定）にも、地域資源を活

図14-1　食の6次産業化における産業分類別の構成要素と目的

出所：筆者作成

用した農山漁村（むら）づくりの政策として6次産業化が挙げられている。

　一方、「事業計画の内容が加工に傾斜しており、地域活性化のためには地域資源を活用する形で、文化、環境・資源保全、教育、福祉、雇用創出等、もっと多様な目的をもった経営モデルがあった方がよい」（室屋 2013：13）といった指摘があり、6次産業化をねらいの一つとする地域活性化の課題となっている。

　本章では北海道における6次産業化の実態を明らかにし、すでに始まっている人口減少・超高齢化に起因する成長・拡大なき時代における6次産業化のかたち・方向性、および地域活性化や地域ブランド化との関連を考えてみる。

2　北海道における6次産業化の実態

　北海道は日本でも有数の6次産業化が盛んな地域である。その事業の多くを農業分野が占める。ここでは北海道に6次産業化が普及した背景や理由、そしてその特徴と課題を明らかにする。

　北海道農業の全国シェアは、耕地面積が25.9％（114万5000ha）、農家戸数が

3.1％（3万6000戸）、農業産出額が13.6％（1兆2762億円）を占める（日本政策投資銀行北海道支店 2020：38-39）。北海道は、農業産出額では全国1位にあり、約5000億円で後を追う茨城県、鹿児島県、千葉県の約2.6倍になる。食料自給率もカロリベースで185％、生産額ベースで207％とそれぞれ全国2位、4位と上位にあり、道外との輸移出入を表す域際収支もプラスとなっている。しかし、原料輸出基地としての性格が強く、食品製造業の2015年付加価値率は26.9％と全国に比べ6.2ポイント低い（北海道経済部）。また1985年から2018年の約30年間で農家戸数は10万戸から3.6万戸と74ポイント減り、65歳以上の農業就業人口比率は18％から41％と23ポイント増え、農業就業者の状況は悪化している。

　このような背景の下、農業を儲かる魅力的な産業とし、農村地域の雇用増加と農業就業者の増加を目指して、北海道では6次産業化が推進されている。

　2011年から認定された事業計画の累計（2020年3月末現在）をみると、北海道が160件と最多で、兵庫県119件、宮崎県113件、長野県99件、熊本県90件と続く。北海道認定事業者一覧マップ（北海道農政事務所、2019年12月27日現在）によると、十勝管内27件、上川・留萌管内26件、宗谷・オホーツク管内24件と道北・道東地域に多く、全体の49.7％を占める。これらの地区では畜産物の6次産業化が44.4〜23.1％と多い。北海道の6次産業化産物上位3種は畜産物34.8％、野菜32.9％、果樹11.0％となる。一方、全国は野菜31.4％、果樹18.5％、畜産物12.5％の順となり、北海道は全国に比べ畜産物が多いのが特徴である。北海道に6次産業化事業が多い要因には、農業産出額が多いこと、そして畜産物や果樹など付加価値の高い産物の加工に強いことが考えられる。

　2013年、北海道農政部が道内の6次産業化事業者にアンケート調査を実施した（今野・工藤 2015）。これによると、事業者は農畜産物の加工（65.6％）をベースに直接販売・農家民宿等複合的に取り組み、消費者に販売（83.3％）することで、4年程度で黒字化させている。しかし、黒字化は約5割にとどまり6次産業化は容易ではない。課題は総売上高に対する多角化（2次産業・3次産業化）部門の構成比によって分化する。つまり30％以下の多角化層で農業を主とする層は技術不足、販路不足、労働力不足と農業サイドの課題も含まれる。一方、70％以上の多角化層は特定販売への依存、技術不足、法制度の制約と前

者と異なる。

　近年では、外食産業や菓子メーカーといった企業が農業に参入するという、川上（農業）の多角化とは逆の川下からの多角化事業が増えている（北海道新聞2020年5月2日朝刊）。しかし、企業が参入すると商品コストが下がるのみであるとの指摘もあり、6次産業化が目的とする地域活性化につなげるためには、社会的なイノベーションが必要とされている。

3　成長・拡大なき時代に求められる6次産業化のかたち・方向性

　6次産業化のためには、地域ブランド産品による経済的価値の増加とともに、農山漁村地域の魅力向上、来訪者や移住者の増加、若者の定着といった地域の持続可能性にかかわる社会的価値の向上をも視野に取り組むことが求められる。

　京都大学こころの未来研究センター広井良典教授は、日立製作所との共同研究「AIの活用により、持続可能な日本の未来に向けた政策を提言」を公表した（『京都大学・日立製作所ニュースリリース』2017年9月5日）。そこでは、①人口や出生率、②財政や社会保障、③都市や地域、④環境や資源、などの持続可能性や、⑤雇用の維持、⑥格差の解消、およびそこで生きる人間の⑦幸福、⑧健康の維持・増進といった社会的課題に対処するために、京都大学の有識者が構築した因果モデルをベースに、2052年迄35年間の未来シナリオ約2万通りがAIによってシミュレーションされた。その結果をもとに、「都市集中シナリオ」と「地方分散シナリオ」との分岐が8〜10年後に起こり、持続可能性の観点からは後者を選択するのが望ましいと提言している。ただし、地方分散シナリオでは地域内での経済循環を高める施策が要となると指摘する。

　その経済循環施策として、例えば里山資本主義が該当すると筆者は考える。里山資本主義とは地域内でヒト・モノ・カネ・情報の循環を目指す思想である（藻谷・Japan Times Satoyama推進コンソーシアム　2020）。生産から加工、販売までを地域で行い、地域の活性化を目指す6次産業化はその範疇といえる。

　里山資本主義の6次産業化が20年程前に始まった町がある。そこは山口県南

東部の瀬戸内海に浮かぶ周防大島町、当時は全国にみられた過疎の島であったが、今は UI ターンした移住者による地域活性化がメディアに取りあげられ、過疎の島こそ21世紀のフロンティアと話題になっている。2003年に松嶋匡史さんは妻の出身地である当地にⅠターンし、「瀬戸内ジャムズガーデン」（https://www.jams-garden.com/）を起業した。2015年度には第３回６次産業化優良事例表彰の農林水産大臣賞を受賞した。周防大島町は柑橘類の栽培の盛んな地で、松嶋さんは四季折々の果実や地元特産のサツマイモから100種類以上のジャムを徹底的に手づくりにこだわって作っている。その方が消費者にアピールするし雇用創出につながると言う。原料の果実は後継者が途絶えて作られなくなるとジャム屋も地域も困るとの思いから農家からフェアトレードで買い入れている。大量生産品に比べ高価であるが、少量多品種、個性豊かな味、そして島の農家を応援しているというストーリーが売れ続ける秘密のようである。

　周防大島町の取り組みのように自分の利益を最大化するのではなく、地域全体で最適化し社会的価値が向上することによって、自分にも利益が循環される。こうしたことを目指す６次産業化をここでは「コミュニティ型６次産業化」と呼ぶ。さらにコミュニティ型６次産業化を具体化するために、次の３項目をその特長や望ましい姿として挙げる。

　①ローカルなニーズに対応した個性的な商品・サービスを創造している

　②地域社会の様々な資源や課題を紡いでいる

　③住民が主体となって関係人口を増やしている

　瀬戸内ジャムズガーデンの例では、①は四季折々の特産品による少量多品種、同じ素材でも季節の移り変わりによる成熟度や栽培された畑によって違う画一化されていない味といえる。これらは島の生産者と深めた交流から創発されたアイデアであり、交流はフェアトレードにたどり着くもの語りでもある。周防大島という「場所のアイデンティティ」を基軸に、そのアイデンティティを持続させるためにローカル・ニーズにも対応した価値が創造されている。

　②の例には、農家による学校給食食材の納入（地産地消）と食育活動によって子どもたちに地元の良さを伝える、農業に障がい者の雇用を積極に進め人手不足の解消と障がい者の社会参画の問題を解決する（農福連携）、生鮮野菜を販

売するお店がなく高齢者が孤立していた地域に徒歩圏内マーケット（直売所）を開設し買い物難民を解消するといった取り組みが挙げられる。これらは6次産業化事業によって社会的問題を解決し、経済的価値と社会的価値の同時実現をねらうものであり、共通価値の創造（CSV：Creating Shared Value）的な取り組みといえる。CSVを提唱したマイケル・E・ポーター氏は、それは事業者と関係者との良好な関係を生み出し、事業の効率性や持続可能性につながるといっている。

　③は積極的に取り組んでいきたい。関係人口とは、「観光以上、移住者未満の第三の人口」を指す（ソトコト2018年3月号）。地域にヒト（ファン）、モノ（特産物）、カネ（投資）、そしてアイデアというインパクトをもたらし、地域活性化の力になると考えられる。したがって6次産業化にとっても関係人口は重要となる。関係人口を増やすためには、①の「場所」のアイデンティティとともに「経験」が有効である。経験価値を担うのは住民との交流であり、住民とくにUIターン者が主体となって6次産業化産品の食べ方や生産に関わるストーリーを訪問者と会話することで、訪問者の地域に対する興味や愛着が経験として育まれる。

　すでに始まっている人口減少・超高齢化に起因する成長・拡大なき時代においては、地域の持続可能性の面から里山資本主義のようなかたちで経済的価値と社会的価値の創出を目指す6次産業化つまりコミュニティ型6次産業化が増えることが望まれる。

4　北海道ブランド化に向けて

　北海道は、全国で最も6次産業化が盛んで畜産物などに多くの成功事例がある。このような北海道農業の強みを活かし、持続可能な地域づくりを目指すかたちとして、生産から加工、販売までを地域で行い、域内でヒト・モノ・カネ・情報を循環させる。その上で地域社会やコミュニティの問題解決に取組むことによって、社会的価値と経済的価値を同時に実現しようとする「コミュニティ型6次産業化」を提案してきた。ここでは、さらに地域ブランド化や地域

活性化の視点から北海道の6次産業化について5点ほど述べたい。

　1つは、「ブランド化への取り組み方」である。モノが溢れている現代を背景とした差別化戦略がブランド化である。価格競争ではなく、品質を向上させ、時代や顧客のニーズを踏まえた新しい価値つまり情緒的価値に関するデザインやビジョン（環境対策、地域活性化や社会貢献など、商品・サービスを新しい切り口でみること）で差別化し、顧客に伝わる形にすることが求められる（小山田・渡邊 2019）。地域活性化の活動や結果はブランド化の要素となる。

　2つ目は、「CSV（共通価値の創造）」の展開についてである。北海道には、乳製品、肉加工品、めん・菓子類分野等経済的に成功している6次産業化事例が多くある。一方、全国に先駆けて人口減少が進み、高齢化、買い物難民の増加、コミュニティの弱体化、若者の流出増といった社会的問題が深刻になっている。こうした事例と実態に依拠し、6次産業化事業とSDGs（Sustainable Development Goals）の一体化による共通価値の創造を推奨する。SDGsは持続可能な世界を目指す国際目標であり、先に挙げた地域の社会問題にも関係する17の目標から構成される。いまや国、自治体、企業経営に取入れられ社会に広がっている。これから北海道で増えそうな農業と企業の協働では、商品コストの低下が主眼となりがちなので、SDGsを取り込みブランド化することが肝要である。

　3つ目は、「コミュニティ型6次産業化クラスターの域内普及」である。夕張メロンは有名なブランドだが、夕張市の再生には活かせていない。メロン果汁を使った菓子類を製造版売する企業、栽培に必要な設備・資材・機器を供給する会社は市内にはなく、限られたメロン生産者や事業者にお金が入るだけで、市内に就業の機会は増えていない（藻谷・Japan Times Satoyama 推進コンソーシアム 2020）。域内で多様なコミュニティ型6次産業化事業が創出され、クラスターとして有機的に繋がり，お金や人が循環してこそ，持続可能なまちが達成できる。

　4つ目は、6次産業化や地域活性化をサポートする「プラットホームの存在」である。プラットホームとは活動に取り組む人や事業同士を結びつける場や環境、組織をいう。それは人やモノ、情報やお金（投資）を繋げる触媒とな

り、事業や活動を加速、増
幅させてくれる機能をもっ
ている。多様な人やモノ、
情報やお金がそこに集ま
り、交わることで互いの価
値を高めていく。プラット
ホームを担う組織には農
協、NPO、ソーシャル・
ベンチャー、大学等が考え
られる。農協は直売所、加
工施設等のほか、営農、資
材販売、金融、介護・医療

写真14-1　大学と町が6次産業化推進に向け
　　　　　包括連携協定を締結

出所：德樂清孝氏提供

等の機能をワンセットでもっているのが強みである（室屋　2013）。

　5つ目は、「学との連携」である。近年、地方大学は地域貢献に積極的な姿
勢を示している。大学は、高度な専門性や学生の存在で地域に貢献できる。前
者では、室蘭工業大学と釧路管内白糠町が特産のシソを活用した6次産業化を
目指し、アルツハイマー病抑制効果のある食品開発のために研究を進めている
（上井・德樂 2019、写真14-1）。後者では、千歳市と小樽商科大学、室蘭工業大
学が、学生に6次産業化に関するアイデアを地域活性化と絡めて考えさせる課
題解決型授業を実施した。地元農産物による地元企業との商品開発、その商品
をレシピとした2次商品の製造・販売、地域イベントの開催、農業体験ツ
アー、農業後継者のビジネス教育等々地域の中でヒト、モノ、カネを循環させ
るユニークなアイデアが生まれた。このような授業は学生の主体的な学びを引
き出す教育として今後主流となる。地域はこれに関わり、新たなアイデアの探
索や若い関係人口を増やす機会に活用してはどうかと考える。

　ブランド化の主役は地域資源であり、地域住民である。住民が地域資源を活
かした6次産業化産品の生産やサービスの提供をまちの中で営んでいる。その
姿や語りに垣間みられる誇りみたいなもの（シビックプライド）こそが、来訪者
を魅了する地域ブランドとなるのではないか。

〔読んでみよう／行ってみよう／調べてみよう〕
広井良則、2013、『人口減少社会という希望』朝日新聞出版
藻谷浩介・NHK広島取材班、2013、『里山資本主義』KADOKAWA

〔参考・引用文献〕
室屋有宏、2013、「6次産業化の現状と課題」『農林金融』66号5、2-21頁
日本政策投資銀行北海道支店、2020、『北海道ハンドブック2020年版』
今野聖士・工藤康彦、2015、「北海道における6次産業化実施主体の特徴」『北海道大
　　学農經論叢』70号、43-52頁
藻谷浩介監修・Japan Times Satoyama推進コンソーシアム編、2020、『進化する里
　　山資本主義』ジャパンタイムズ出版
小山田育・渡邊デルーカ瞳、2019、『ニューヨークのアートディレクターがいま、日
　　本のビジネスリーダーに伝えたいこと』クロスメディア・パブリッシング
上井幸司・德樂清孝、2019、「北海道天然資源を利用して地域・世界を救う」『グリー
　　ンテクノ情報』58号、9-13頁

【那須守】

コラム⑥　ヒグマと平和に暮らせる未来へ

1　北海道を分かちあう人とヒグマ

　4000から1万7700—これが500万を超える人間とともに北海道に暮らすヒグマの数である（北海道推計）。私たち人間は急激に数を増やし生活空間を押し広げながら、ヒグマたちとなんとか共存してきた。ヒグマたちもまた、そのような人間を許容し、なんとか共存してきた。ヒグマたちと人間は、望むと望まざるとにかかわらず、ともにこの北海道の地を分かちあい、互いを利用し被害を与えあって、ともに生きていく道を切り拓いてきた仲間である。

　しかし両者の間には大きな違いもある。ヒグマたちは人間が創りだす新しい環境にひたすら適応し、それを利用して生きのびてきた。あらゆる生物に普遍的なサバイバル術である。一方、人間は、とくに明治期以降、ヒグマのいる環境を自分たちの都合に合わせてほぼ無頓着に改変してきた。人間という動物に特徴的なサバイバル術である。

2　あつれきの中の人とヒグマ

　そこから、両者の間に様々なあつれきが生じる。ヒグマは、例えば人間が栽培している高カロリーの作物や無頓着に出した生ごみを利用しようと人里に入り込めば、たちまち捕獲されて射殺という憂き目にあうし、森で静かに草を食べていても無頓着に造った林道を伝ってやってきた山菜採りの人々とばったり出会い、怖がられ捜しだされて射殺という結末を迎える。人間の被害は経済的損害とときおりの人身被害、そこからくる恐怖と憎しみであり、ヒグマの被害は死である。

　2011年から2018年までの年平均を例にとってみよう。ヒグマによる経済被害額は1.6億円で着実に増加傾向にある。ただしエゾシカの46億円やトド・アザラシ・オットセイの23億円（2014年）と比べれば一桁小さく、カラスの2億円（2010年）とそう変わらない。ヒグマの場合にとくに恐れられるのが死傷事件であるが、人身被害は年間2.8人（死者0.5人と負傷者2.3人）である。一方ヒグマの捕殺数は753頭、冒頭に紹介した推定生息数の4ないし19％に上る。ほとんどが狩猟ではなく出没した個体の駆除によるものである。ただし現在では出没したヒグマを見境なく殺しているわけではなく、危険度に応じた措置をとっている。それでも1990年代の年平均300頭弱から、21世紀に入って急増している。

　同じ環境空間を分かちあう生物種の間にあつれきが生じるのは異常なことではない。むしろ自然なことである。それを完全になくせると考えるのは単なる夢想であろう。あつれきをそれぞれの種にとっての許容範囲に収められれば、それが動的な均衡状態であり、「平和」、「共存」と考えて満足せざるを得ないであろう。

　では今の状態は「平和」といえるのであろうか。とうてい「平和」とはいいがたい。ヒグマが基本的に人を敬遠し、むやみに襲わない動物であることは被害者の数から一目瞭然である。対して年間753頭という捕殺数をみれば、人がいかにヒグマに対して無防備に行動しており、その結果被害を生み出しヒグマを恐れ憎んでいるかがわかる。このような状況はヒグマにとっても人間にとっても不幸である。

3 相手を知り自らの行動を変える

　無頓着からくる無防備をやめて、「相手を知り自らの行動を変える」という戦略が必要であろう。今日ではヒグマの生態や地域での行動についての研究が進み、「相手を知る」という点では大きく前進している。いま最も必要なのは、そこから「自らの行動を変える」、すなわち予防対策をとることにつなげていくことであろう。

　対策の様々な道具はすでに開発されている。最も強力な道具は電気柵である。畑や果樹園、住宅など、囲えるものは電気柵で守ることができる。最も地道で予防効果が高いのはごみを夜間に出さない、戸外に放置しないという習慣である。道具としてはクマに開けられないごみ箱がある。また、効果の持続性には難があるものの、動物を威嚇する光や音を発生する装置も開発されている。市販はされていないが、感電させるための電線や逆さ釘を仕込んだマットを自作することもできる。ただし個々の道具が用意されただけでは十分ではない。必要なのは人々がそれらの道具をコミュニティ全体で実装すること、そしてそれを促す方策である。

　他方で、予防してもなお人の生活を脅かすヒグマが現れた場合の対応も必要である。従来その厄介で危険な仕事にあたってきたのは自治体の依頼を受けた狩猟者たちであるが、狩猟というものの人気が下がるにつれて狩猟者が減って高齢化しており、このままいけばヒグマ出没対応にあたる人材がいなくなりかねない。そのため生態学の知識と現場での実践能力を兼ね備え、そして予防対策を主な任務とする「ヒグマ管理官」とでもいうべき人員を配置することの必要性も認識されてきて、一部地域で試験的に始められている。

　これらの道具や施策はみな、じつは北米で数十年前から行われ広まってきたものである。北米ではほかにも、ヒグマによる経済被害を受けた人に対し、あらかじめ予防措置をとっていた場合に限って損害を補償するプログラムを実施しているNPOもあり、予防措置の普及に一役買っている。またカナダのブリティッシュ・コロンビア州では、地域ぐるみで厳しい条例をつくり種々の対策をとっている市町村を州政府が支援する「ベアスマート・プログラム」を実施し、住民たちの自発的な協働を奨励している。その対策は、予防措置はもちろん、教育、土地利用制限まで含む。

　もちろん北米で行われていることがすべて北海道でも有効で実現可能とは限らない。しかし学ぶべきヒントは多々ある。

4 新しい動き

　マスメディアにも新しい傾向がみられる。新聞もテレビも、かつてはもっぱら恐怖心をあおるような番組やニュースを流すのが習わしであったが、近年ではヒグマの生態や行動を客観的に知らせる番組や、人間の側の予防措置の必要性を訴え、その方法を紹介する番組もめずらしくない。

　また子ども向けや大人向けの教育、ヒグマの移動経路となる藪の刈り払い、廃園となった果樹園の果樹の伐採など、民間の自発的な動きも活発になってきた。

　ヒグマとの対し方は様々な部面で「相手を知り自らの行動を変える」方向に展開し始めている。これらをさらに促進しつないでいくために知恵をしぼれば、ヒグマに強いコミュニティをつくり、ヒグマと「平和」に暮らせる未来の展望がひらけてくるであろう。

【亀田正人】

あとがき

　北海道をどう捉えたらいいのだろうか？　筆者の頭に、2014年の室蘭工業大学赴任以来引っかかっていることだ。江戸時代までは蝦夷地、近代になって北方の守りという軍事的役割を担うと同時に、原生林を切り拓いて食べられぬ内地の民を養い、拡張する軍事国家を殖産興業で支えた。戦後は、満蒙開拓移民引揚者や樺太引揚者を受け入れ、農業や酪農といった開拓に本腰を入れた。そして高度経済成長期以来、多額の公共事業を飲み込み、各地の鉱工業も発展し、道民の生活は豊かになった。高度成長期が終わり農業や鉱工業は衰退するも観光業は2019年までは空前の興隆をみせた。軍事の島、開拓と農業／酪農の島、産業の島、観光の島と北海道は時代によって様々な側面をもってきた。その一方でこの島の明治以降の統治者による先住民政策は、海外植民地統治でもおおいに役立つことになる。それは、「野蛮」との烙印を与えた上で文化的抹殺をし、当事者たちに自民族への自信を喪失させ無力感を与え結果的に日本人に同化させていく、というものであった。

　今から40年以上前、先住権という概念がまだなかった頃、旭川在住の文芸評論家高野斗志美は次のように述べている。

　　自然とたたかい、貧困にたえ、粒々辛苦して開拓をすすめた明治期の開拓民は、近代日本の最下層社会を生きぬいた民衆そのものにほかならない……その生きざまの社会的総体がまさに和人地の構築と拡大であり、アイヌ・モシリの絶滅であり、アイヌ解体に直接していた限り、シャモ開拓民の一人ひとりの存在そのものは決定的に植民地支配者の権力の側にいたのである……他民族の圧殺のうえに日本民族は近代国家としての自己拡大をはかりつづけて来たが、その国家内部において、社会の深部において、わたしたちはまたさまざまな形でそれを実行してきた。アイヌに対するシャモとして。アイヌを差別し、搾取し、解体する支配者・シャモとして。」（高野斗志美、1980、「解説」『北海道文学全集第11巻　アイヌ民族の魂』立風書房、336-337頁）

　このシャモ（和人）の加害者性をえぐった文章は、今でもシャモに課題を突

き付ける。シャモは支配者とルールの点で一体化し、自分たちに都合のよい開拓史観を展開してきたのだと。アイヌ民族との「和解」があるとすれば、シャモが自分勝手な価値観の問題点に気づくことから始まるのであると。

　遅れた「野蛮人」を「文明化」するという美名に隠れた開拓や開発、森や野生動物の消滅と生活圏の消滅、言語文化抹殺政策は、先住民自身の心に負のスティグマを貼りつつ多大な犠牲を課しながら進んだ。それは、16世紀から20世紀にかけて世界的に進んだ植民地主義、帝国主義の歩みとも同調していた。

　それに対する反省を込めて、近年ニュージーランド、台湾、カナダ、フィンランド、オーストラリアなどで、先住民の権利恢復が進んでいる。過去の植民地統治に起因する不当な扱いや現代にいたる不平等の事実を認定し、国家が謝罪／補償し、再び過ちを繰り返さないように教育を行う。多様性ある社会制度設計を行う。このように、より豊かで多様性のある、少数者に寛容でレジリエンスのある社会を作り上げようとしている。そこには、先住民の尊厳を恢復することは、一人ひとりの人権が守られる社会への道しるべである、との社会的合意が存在する。したがって、北海道を、日本をより人権の守られる地域／国にしたいと思えば、先住民の権利が剥奪された状態を是正していく必要がある。

　本書は、2016年に出版した『北海道で生きるということ——過去・現在・未来』（法律文化社）の続編である。前著の意図としては、北海道をめぐる諸問題の根幹をさぐり、その解決策を見出そうとしたことにあった。この4年間で、いくつかの問題には解決の糸口が見出されたようにみえる。2019年のアイヌ施策推進法の施行、2020年の国立アイヌ民族博物館ウポポイの開業がそれにあたる。2018年から徐々に始まった給付型奨学金の制度設計もそれにあたる。

　ところが、いくつかの問題は解決されるどころかかえって深刻化している。借金という名の奨学金を背負った大学生、きびしいアルバイト状況、北海道の防衛基地化、農水産業の衰退と過疎化、遺骨返還にからみアイヌ民族の尊厳の未回復、アイヌ民族に先住権が認められていない、などである。本書では、前著からさらに踏み込み、北海道における教育をめぐる諸問題、ジェンダー平等の実現問題、外国人技能実習生問題、徴用工問題、災害に対する脆弱さと備

え、自衛隊問題、そして将来への展望も新たに指摘しておいた。すべて人権と生存権にかかわることである。

　さらに2021年に世界中でまだ感染拡大傾向にあるCOVID-19の衝撃は、従来の我々の常識を覆すとともに、まさに「世界の底が抜けた」感覚を我々に与えた。北海道はGoToトラベルの影響か、日本でも有数の感染地域となり、2021年1月31日時点で、感染者累計1万7446人となった。死者は602名。5687人が全国で亡くなっているので、人口規模でいえば全国の4.1％にすぎない北海道が、COVID-19の死者でいえば10.5％を占める。北海道の高齢化率（2019年31.1％、全国18位）を鑑みても、抜きんでた死亡率である。人的リソースがただでさえ少ない医療従事者を直撃する結果となり、燃え尽き症候群で退職者が後を絶たない、という状況である。

　なぜこのようなことが起こったのか？　マクロの視点からすれば、いのちや人間の尊厳よりも、経済成長を第一義とし弱肉強食の政策と価値観が近代を覆い、とくにその傾向が新自由主義の影響でこの20年ぐらいの間に強まってきたからあろう。そのしわ寄せが、衰退しかかった産業基盤と疎らな人口密度、限られた人的資源しかもたない社会的「弱者」としての北海道を襲った、ということである。

　移民の子孫、アイヌ民族、そして外国人から構成される北海道。そこに住む人々の人権と生存権を守るためにも、我々がまずしなければならないことは何か。それは現実を覆っている諸問題を直視し、面倒でも議論を避けないことである。例えば、森林が消滅し、河川がダムでせき止められコンクリートで覆われ、耕作放棄地が目立つ北海道の風景は、どのように出来上がったか議論すること、そして、過去の過ちやよきことを含めて総括し、善後策を練っていくことしかない。北海道には、まだまだ希望は残されているはずである。

　この本を世に出すきっかけを与えてくださり、細かいアドヴァイスをくださった法律文化社の小西英央氏にはお世話になった。深く感謝申し上げる。また、コロナ禍で大幅に出版が遅れたにもかかわらず、粘り強く付き合ってくださった各分担執筆者の皆さんにも深謝したい。

【松本ますみ】

■**執筆者紹介** (執筆順、＊は編者)

＊清末 愛砂 _{きよすえ あいさ}　室蘭工業大学大学院工学研究科准教授　　　　　序章・第7章・コラム②・補章

池田 賢太 _{いけだ けんた}　弁護士　　　　　　　　　　　　　　　　　　　第1章

阿知良洋平 _{あちら ようへい}　室蘭工業大学大学院工学研究科講師　　　　　　第2章

川村 雅則 _{かわむら まさのり}　北海学園大学経済学部教授　　　　　　　　　　第3章

辻 智子 _{つじ ともこ}　北海道大学大学院教育学研究院准教授　　　　　　第4章

石井佐登子 _{いしい さとこ}　NPO法人ウィメンズネット・マサカーネ理事　　コラム①

小野寺信勝 _{おのでら のぶかつ}　弁護士　　　　　　　　　　　　　　　　　　第5章

前田 潤 _{まえだ じゅん}　室蘭工業大学大学院工学研究科教授　　　　　　　第6章

坂東 和之 _{ばんどう かずゆき}　元北海道新聞カイロ駐在記者　　　　　　　　　第8章

＊松本ますみ _{まつもと}　室蘭工業大学大学院工学研究科教授　　第9章・第10章・補章・あとがき

吉澤 文寿 _{よしざわ ふみとし}　新潟国際情報大学国際学部教授　　　　　　　　第11章

殿平 善彦 _{とのひら よしひこ}　東アジア市民ネットワーク代表理事・一乗寺住職　コラム③

小田 博志 _{おだ ひろし}　北海道大学大学院文学研究院教授　　　　　　　第12章

葛野 次雄 _{くずの つぎお}　静内アイヌ協会会長　　　　　　　　　　　　　補章

松本 徹 _{まつもと とおる}　NPO法人知里森舎・理事　　　　　　　　　　コラム④

永井 真也 _{ながい しんや}　室蘭工業大学大学院工学研究科准教授　　　　　第13章

稲村 隆之 _{いなむら たかゆき}　北海道新得町役場職員　　　　　　　　　　　コラム⑤

那須 守 _{なす まもる}　室蘭工業大学地域教育・連携センター教授　　　　第14章

亀田 正人 _{かめだ まさと}　元室蘭工業大学大学院工学研究科准教授　　　　コラム⑥

Horitsu Bunka Sha

北海道で考える〈平和〉
――歴史的視点から現代と未来を探る

2021 年 4 月 15 日　初版第 1 刷発行

編　者　松本ますみ・清末愛砂

発行者　田　靡　純　子

発行所　株式会社 法律文化社

〒603-8053
京都市北区上賀茂岩ヶ垣内町71
電話 075(791)7131　FAX 075(721)8400
https://www.hou-bun.com/

印刷：中村印刷㈱／製本：㈲坂井製本所
装幀：谷本天志

ISBN978-4-589-04132-6

清末愛砂・松本ますみ編

北海道で生きるということ
―過去・現在・未来―

A 5 判・152頁・2400円

返したくても返せない奨学金やブラック・アルバイトの実態、地域経済再生のための軍事施設誘致の実情など、北海道の文脈から日本社会の問題を考える。多数のコラムや座談会を収録し、コンパクトにまとめた一冊。

平井 朗・横山正樹・小山英之編

平 和 学 の い ま
―地球・自分・未来をつなぐ見取図―

A 5 判・194頁・2200円

グローバル化社会のもとで複雑化する今日的課題へ平和学からアプローチし、様々な問題の根源に迫る。平和創造の学問である平和学の理論的展開を踏まえ、その役割とアイデンティティを探究し、私たちが平和創造にどのようにかかわるかも明示する。

佐渡友 哲著

SDGs 時代の平和学

A 5 判・136頁・3000円

持続可能な社会のゴールを示す SDGs について平和学の視点から考察する。SDGs の生成と平和学の展開との交錯を学術的に整理し、SDGs の理念・価値を再考する。平和学が目標達成へ向けてどのような役割を果たせるかを明示する。

ヨハン・ガルトゥング著／藤田明史編訳

ガルトゥング平和学の基礎

A 5 判・200頁・2800円

ガルトゥングの平和理論の基礎と全体像がわかる5つの代表的論考の翻訳集。暴力概念の彫琢によって理論構築したガルトゥングが明示する平和学のエッセンスを知ることができ、「平和とは何か」という根源的な問いに対する多くの示唆を得る。

日本平和学会編

平和をめぐる14の論点
―平和研究が問い続けること―

A 5 判・326頁・2300円

いま平和研究は、複雑化する様々な問題にどのように向きあうべきか。平和研究の独自性や原動力を再認識し、果たすべき役割を明確にしつつ、対象・論点への研究手法や視座を明示する。各論考とも命題を示し論証しながら解明する。

日本平和学会編

戦争と平和を考えるNHKドキュメンタリー

A 5 判・204頁・2000円

平和研究・教育のための映像資料として重要な NHK ドキュメンタリーを厳選し、学術的知見を踏まえ概説。50本以上の貴重な映像（番組）が伝える史実の中の肉声・表情から、戦争と平和の実像を体感・想像し、「平和とは何か」をあらためて思考する。

法律文化社

表示価格は本体（税別）価格です